羽生 行田
加須

歴史周訪 ヒストリア

髙鳥 邦仁
Kunihito Takatori

まつやま書房

忍城（行田市）

新郷古墳群（羽生市）

上）**騎西城**（加須市）
右）**總願寺の黒門**（加須市）

永明寺古墳 43p
御廟塚古墳 48p
稲荷塚古墳 53p
不動院 201p
利根川
埼玉大橋
46
60
84
羽生インター
樋遣川古墳群 58p
84
46
南羽生駅
總願寺 224p
125
礼羽騎西線
加須駅
加須インター
125
加須鴻巣線
花崎城 115p
花崎駅
玉敷神社 212p
騎西城 102p
東北道
油井城 128p
鷲宮駅
加須鴻巣線
122
38
東武伊勢崎線

東武伊勢崎線
122
昭和橋
武蔵大橋
酒巻古墳群
37p
59
新郷古墳群
74p
岩瀬河原
136p
西羽生駅
羽生城 14
20
199
新郷駅
羽生駅
毘沙門山古
小見真観寺古墳
66p
武州荒木駅
小松埋没古墳群 16p
125
小松神社 190p
須影八幡神
東行田駅
皿尾城 94p
行田駅
地蔵塚古墳
27p
364
八幡山古墳 31p
持田駅
秩父鉄道
125
成就院 248p
忍城 163p
真名板高山古墳 21p
さきたま古墳群 80p
盛徳寺 238p
羽生鴻巣線
高崎線
前玉神社
258p
66
32
17
17
77

上）**古代蓮の里**（行田市）
左）彼岸花に彩られる**御廟塚古墳**（羽生市）

上）**須影八幡神社**（羽生市）
右）**花崎城**（加須市）

利根川風景

はじめに

あなたの生まれ故郷はどこだろうか。そこには何があり、どんな歴史があるだろう。

ぼくは生まれも育ちも埼玉県羽生市だ。厳密に言うと、生まれた病院は行田市だったが、退院後は多くの時間を羽生で過ごし、いまもそこで時を重ねている。

十代の頃まで、羽生には何もないと思っていた。観光地として賑わっているわけではない。買い物をするにも、都内まで出なければ満足できなかった。若者の目に、羽生はいささか地味で何の特徴もなく、退屈な町として映っていた。

ところが、である。市内に建つ「川俣締切阯」という碑と偶然出会って以来、「革命」が起こった。それは、ふるさとを初めて歴史の視点で見た瞬間だった。

地元に歴史などないと思っていただけに衝撃だったのを覚えている。確かに、小学校で少しだけ習ったことはあったし、地元の資料館で「羽生城展」を開催しているのをたまたま目にしたことはあった。

でも、ぼくの心の琴線には触れなかったらしい。それが、二十歳そこそこのとき、郷土史に出会い、「かつて地元で一体何があったのか?」という新しく芽生えた疑問のもと、一気に引き込まれてしまった。

羽生に歴史がないなんてとんでもない。歴史はある。しかも、他市に引けを取らないくらい豊かに。見慣れた景色は一変し、それまで全く気に留めなかったものに目がいった。身近すぎるだけに気付かなかったらしい。いや、それは新しい発見であり、自分の知らない世界は何も遠いところではなく、すぐそばにあることを知った。

歴史は一つの地域だけに完結しない。他地域と密接に結びついている。そしてそれが時代の大きな流れを作っている。決して学校の教科書に載っているものだけが「歴史」ではない。新しい知識や情報が入ると、実際にそこに足を運びたくなる。あるいは偶然見付けた史跡をもとに調べてみると、知られざる歴史を発見したりする。興奮以外の何ものでもない。それは、幼い頃に秘密基地を見付けたときのときめきに似ていた。

本書は、そのようなあまり知られていない地域の歴史や場所にスポットを当てて紹介するものだ。地元民でも知らないようなマニアックなものもあれば、比較的来訪者の多い史跡も含んでいる。

主な視点は、古墳・城・神社仏閣の三つ。地域は、羽生・行田・加須の三市である。いずれも利根川流域で低地に位置している。どこをどう選ぶのか最も苦心したが、三市の古代から中世にかけての時代を切り取った。

予め断っておくと、本書は研究書ではない。タイトルに「周訪」の言葉があるように、歴史的な視点で、羽生・行田・加須の魅力を紹介することに本書の意図がある。したがって、地域に残る伝説や言い伝えもふんだんに盛り込んだ。

それゆえ、「史実とは異なるのではないか」とのご指摘はなさらないでほしい。逆に、本書に書かれているものを全て史実としても捉えないでほしい。

むろん、根拠のない荒唐無稽なことは書いていない。あくまでも資料を参考にしているし、それを面白おかしくアレンジしたつもりもない。資料と向き合ったうえで、ぼく自身の視点や考えを述べている。本書を道案内に、実際に現地に足を運んだり、資料を繙いたりして、独自の視点で読者ご自身の考えを広げていただけることが筆者の願いである。

本書はなるべく多くの方に読んでもらえるよう平易な文章を心がけた。とっつきにくいかもしれないが、若い人たちにも読んでもらえたらとの想いを込めて筆を執った。十代の頃のぼくのように、「地元になんか何もない」と思っている若者が、本書をきっかけに少しでも興味を持ってくれたのならば、これほど嬉しいことはない。

ぼくは、郷土史を好きになって以来、郷土に誇りを持つようになった。胸を張ってふるさとを語れるようになった。本書で取り上げるのは、ごく小さな地域かもしれない。しかし、郷土に誇りを持つ人が一人でも増えれば、国そのものが元気になるのではないだろうか。本書が地域の新たな魅力発見の一助となれれば幸いである。

以上、本書の内容と筆者の想いを述べさせていただいた。が、もしかすると本当に歴史などあるのかと、胡散臭く思われている方もいるかもしれない。具体的に、地域にはどんな歴史が眠っているのか？　そこで、本書をお読みになる前に、筆者から読者へ招待状代わりとしてクイズを三問出題します。

①　行田の酒巻古墳群から出土した全国的に珍しいハニワは？

②　戦国時代、羽生城を目前にして上杉謙信の前に立ちはだかったものとは？

③　江戸時代、加須の不動尊は誰の祈願所となっていたか？

答えは本書を読んでのお楽しみ。

羽生　行田
加須

歴史周訪ヒストリア◎目次

Ⅱ　城編 ―――――――― 93

Ⅲ　神社仏閣編 ―――――――― 177

I 古墳編

「羽生の町の中に横たわる古墳は？　—毘沙門山古墳—」

毘沙門山古墳《びしゃもんやまこふん》（埼玉県羽生市）は、羽生駅から下りて徒歩約七、八分のところにある。町の中に堂々と横たわる前方後円墳で、羽生で最も親しまれている古墳の一つかもしれない。とはいえ、ここが「古墳」ということを知らない人は少なくないと思う。ぼく自身、毘沙門山古墳を「古墳」と知ったのは中学一年生のときだった。

では、それまで何と思っていたか？

実は、ここは初山祭りが開催されることでよく知られている。だから、「古墳」というより、「神社」という認識を持っている人の方が多いのだ。いわば、神さまの領域。だから町の中にあるにもかかわらず、消滅することなく今日まで残っている。

『羽生市史』によると、毘沙門山古墳の全長は六十三メートルで、前方部・後円部の高さは、ともに四・五メートルだ。前方部を西に向けて位置している。

実際に足を運べばよくわかるが、古墳のすぐ西側には東武伊勢崎線の線路が通っている。また、東側も道路になっており、狭い道にもかかわらず交通量が多い。

古墳の一部が削り取られているのだ。羽生駅が営業を開始したのは明治三十六年（一九〇三）

のこと。この線路敷設工事のため古墳の一部が削り取られ、そのときハニワの破片が発見されたという。

ということは、毘沙門山古墳は現在の姿よりも大きく、その雄姿を誇っていたことになる。長い歳月によって多少の土砂が崩れたとしても、線路敷設の前と後とでは、その景観は異なるものだった。

実際はどのくらいの規模だったのだろうか？

これについて、平成二十三年（二〇一一）に、大正大学文学部歴史学科塚田良道研究室が主体となって毘沙門山古墳の調査を実施し、墳丘の復元を試みている。その調査と考察について、『羽生古墳群―利根川中流域右岸における古墳の測量調査―』という報告書にまとめられた。

それによると、墳長は六十七メートルに及ぶという。築造年代は六世紀後半と推定され、前方部が左右非対称に復元される。なお、この調査では、生出塚埴輪窯跡（同県鴻巣市）の製品とおぼしき「赤い埴輪」が採集されたという。

ところで、毘沙門山古墳には一体どんな人物が眠っているのだろう。かつてこの地を支配した者だろうか。

いまのところ埋葬施設は発見されていない。つまり主体部は不明だ。いつか主体部が発見され、「世紀の大発見」と言われるような遺物が中から出土するかもしれない……。そんな歴史ロマンをかき立てられる。

ところが、そんな歴史ロマンへの誘いを立ち塞ぐものがある。それは、毘沙門山古墳の中腹に建つ板碑《いたび》だ。

板碑は青石塔婆・板石塔婆とも言い、南北朝時代に流行した供養塔の一種だ。緑泥片岩でできており、意識すると目に留まりやすい。神社仏閣の境内や個人のお墓、ときには路傍に建っていたりする。

毘沙門山古墳にある板碑には、釈迦と阿弥陀を示す種子《しゅじ》が刻されている。その間に、「建長八年」の年号が見える。すなわち、建長八年（一二五六）に建てられたことがわかる。

歴史好きの人なら、板碑と聞くと縦長の形をイメージするかもしれない。しかし、毘沙門山古墳の板碑は「横太」といった感じである。

かなり大きい。高さは二三五センチ、幅は一〇八センチもあり、まるで大きな石の壁のように建っている。

実はこの板碑は、かつて古墳の石室として使われていた可能性が高い。古墳時代に石室として使用されていた石を、中世に再利用したのだ。

確かに、石室のような形をしている。羽生は緑泥片岩の生産地ではない。これほど大きな石を遠くから運んでくるのはかなりの重労働だ。だから、わざわざ取り寄せるのではなく、その頃古墳の一部が崩れて石室が見えていたのか、これに注目して再利用を図ったのだろう。だとすると、毘沙門山古墳の主体部はすでにないということになる。埋葬者も副葬品も遠い昔に陽の目を見て、それからどこへ行ったのか知る由もない。よって、毘沙門山古墳にどのような人物が眠っていたのか、それを探る手がかりは少ないと言える。

元々は石室に使用されていたとおぼしき毘沙門山古墳の板碑。毘沙門山古墳の魅力を彩る一つであるし、板碑としても貴重なものだ。古墳へ足を運んだ際にはセットで目にしておきたい。なお、この板碑は「釈迦阿弥陀種子板石塔婆」という名で、羽生市指定文化財となっている。

さて、先に少し触れたが、毘沙門山古墳は宗教施設となっている。墳頂には、古江神社、宮田神社、浅間神社、秋葉神社の四つの神さまが祀られているし、麓には毘沙門堂が建っている。明治二年（一八六九）に書写された「上羽生村旧記」によれば、この毘沙門堂は建長年中（一二四九〜一二五五）に、北条時頼《ほうじょうときより》によって創建されたという。戦国時代に廃れてしまったが、元亀年中（一五七〇〜一五七二）に羽生城主木戸忠朝《きどただとも》によって再建。文禄三年（一五九四）

には大久保忠隣《おおくぼただちか》が再興し、宝永四年（一七〇七）に村人たちによって修復されたと記している。明治二十四年（一八九一）に書かれた「毘沙門天並古江宮田神社記」には、具体的な年代が明記されているのだが、北条時頼の創建、木戸忠朝・大久保忠隣による再興、そして近世の村人たちの修復という点では共通している。

この記述をどこまで信じてよいかわからないが、古くから村人たちに親しまれていたことは間違いない。この場所を「毘沙門さま」と呼ぶ人は多い。境内に横たわる古墳も、「毘沙門山古墳」と名付けられたところに、このお堂に対する親近感がうかがえる。

なお、墳頂の祀られた四つの神さまで、最も親しまれているのは浅間《せんげん》神社だろう。なぜなら、毎年ここは「初山祭り」で賑わうからだ。小さな赤ん坊を連れた母親が、子の健やかな成長を願って参拝する。そして、赤ん坊の額に「初山」のハンコを捺してもらう。羽生生まれのぼくも捺してもらったし、その写真がいまでも残っている。

だから、ここを「浅間さま」と呼ぶ人も多い。管見ではあるが、「古江・宮田神社」と呼ぶ人とは滅多に会わない。「浅間さま」、あるいは「毘沙門さま」の呼び名で親しまれ、「古墳」という認識は二の次となっている。

とはいえ、古墳の視点で見ている人はもちろんいる。毘沙門山古墳から西へ少し行ったところに、別の古墳がたたずんでいる。それは「保呂羽堂《ほろはどう》古墳」。高さ三メートル、直径二十八メー

保呂羽堂古墳（羽生市）

トルの円墳だ。五世紀後葉～六世紀初頭の築造と考えられている（『羽生古墳群』）。

墳頂には「保呂羽堂」というお堂が建っている。「上羽生村旧記」によれば、和田合戦の落人がこの地で亡くなり、その霊を「ホロヤブル権現」として祀ったという伝説がある。いまとなっては確かめようもないが、毘沙門山古墳の毘沙門堂が北条時頼の創建と伝えられていることといい、ここには「古代」のみならず、武士の気配がする。保呂羽堂古墳も、毘沙門山古墳と合わせて見ておきたい。

羽生の地に立たずとも、電車から毘沙門山古墳を見ることは可能だ。古墳のすぐわきを線路が通っているのだ。駅の近くだからスピードもさほど出ていない。忙しい人は、車内の窓から古墳を見上げてもいいだろう。電車という「現代」と、古墳という「古代」が交錯した場所で、今日も毘沙門山古墳はたたずんでいる。

「羽生市小松に隠れた秘密は？ ——小松埋没古墳群——」

羽生市小松には秘密が隠されている。一見、どこにでもある風景が広がっている。田畑が広がり、民家があり、川が流れ、神社が鎮座する……。

秘密など隠されていないように見える。小松を知る人は首を傾げるかもしれない。

秘密は地面の下にある。そう、そこには石室が眠っているのだ。「古墳」と聞いて一般的にイメージされるのは、カギ穴の形をしたものだろう。前方後円墳や円墳、帆立貝式古墳や方墳などその形態はさまざまだ。

土の山というイメージは共通していると思う。見上げるほど大きなものもある。大小さまざまとはいえ、土が盛られているから地表よりも高くなっているのが普通だ。

ところが、羽生市の小松《こまつ》古墳群はちょっと変わっている。なんと、地表よりも低いのだ。見上げるどころではない。逆に見下ろすことになる。ある意味、常識破りの古墳と言える。

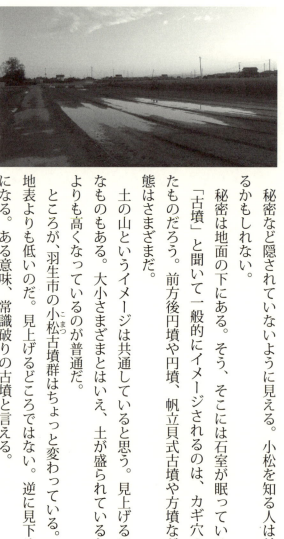

これはどういうことかと言うと、小松古墳群は完全に埋没しているのだ。近隣の真名板高山《まないたたかやま》古墳（埼玉県行田市）は約三メートル地面に沈んでいるが、小松では古墳が丸ごとすっぽり地中に埋まっている。

したがって、姿形は見えない。小松へ行っても、「古墳」と認識するほどの「前方後円墳」や「円墳」はどこにも見当たらない。それなのに、土の中では古墳は屹立《きつりつ》している。とても不思議な古墳群なのだ。

小松古墳群一号墳は、昭和五十四年（一九七九）三月に発見された。水道管敷設工事中に偶然見付かったもので、逆に言えば、それまで小松に古墳があることは完全に忘れ去られていた。主体部である石室は地表下一・二メートルにあった。石室は全長四・六八メートル、玄室の長さ二・七メートル、高さ二メートルという規模で、棺床面は地表から約三メートルという深さだった。その石室の中からは鉄刀、鉄鏃、ガラス製小玉、耳環など、副葬品も多く発見された。この古墳に埋葬された者が何者なのかは定かではない。石室からは骨や歯、赤色顔料が検出されたという。かつてこの地を治めていた主《あるじ》だろうか。長い眠りから覚めて見た羽生の景色は、古代とは全く変わっていただろうか。

現在のところ、小松埋没古墳群で発見された古墳は一基のみとなっている。古墳は単独で造られることはない。周辺にはいまだに眠っている石室があるということだ。まだ明かされていない秘密。小松は古代ロマンをかき立てる場所なのだ。

ところで、小松古墳群はなぜ埋没したのだろう。

その理由は二つ考えられている。一つは関東造盆地運動という地面沈降によって、少しずつ埋まっていったということ。

もう一つは、利根川の洪水により、その土砂を何度もかぶり、いつの間にか埋まってしまったという説だ。

実際、小松には会の川という古利根川が流れている。現在の会の川は護岸された小さな川でしかないが、ここが本流だった頃は、板東太郎の異名にふさわしいほどの流れだったのだろう。カエルが小便をしただけで洪水が起こると言われた利根川である。暴れまくったに違いない。

ちなみに、一説に小松という地名は、「駒津」(＝舟運交通の要衝地)から変わったものとも言われる(『羽生市史』)。小松古墳群の背景にある「川」を見過ごすことはできない。

参考までに、隣接する岩瀬《いわせ》は、渡し場が詠まれた場所として考えられている。『夫木和歌抄』(『夫木集』)という鎌倉時代後期に成立した私撰和歌集に、「いはせの渡」が詠まれているのだ。

五月雨はいはせの渡りなみこえて
みやざき山に雲ぞかかれる(藤原基広)

舟とむるいはせのわたりさよふけて
　みやさき山をいづる月かげ（加茂重敏）

あまそぎに雪ふりつめる舟をみて
　わたりがたきはいはせなりけり（読人しらず）

風さむみ冬はいはせのわたりにて
　をちの舟まつおとぞわりなき（読人しらず）

この「いはせの渡」が、実際に羽生市岩瀬を指しているのかははっきりしていない。もし岩瀬を詠んだのだとしたら、舟が行き来する当時の川の様子をうかがわせる。川はたっぷりと水をたくわえ、滔々《とうとう》と流れていたのだろう。それは小松にも流れており、ひとたび大水が出れば、古墳群はたちまち水をかぶったに違いない。

ただし、それが「利根川」とは限らない。実は、太古の昔から変わらず流れているイメージのある利根川だが、時代によって流路を変えていた。本書では、この点については追及しないが、羽生市域で水をかぶる＝利根川の水とは限らないことだけは指摘しておきたい。

関東造盆地運動と川の氾濫。どちらかと言うより、その両方が重なって小松古墳群はいつの間にか地上から姿を消していったのだろう。とはいえ、地中に眠っているだけだとすれば、一号墳のごとく何かのきっかけで、ひょっこり姿を現わすかもしれない。いつか陽の目を見ることを、古墳群たちは息を潜めて待っているかもしれない。

小松神社の裏には、細い道が一本通っている。車一台通るのがやっとの道幅だ。そんな道を自転車か徒歩で散策しながら、「実はこの足下には……」と想像を膨らませるのは楽しい。足下を見ながら探す古墳も珍しい。

ただし、繰り返すようだが、「古墳」の形をしたものはどこにも見当たらない。目に映る景色そのものに、「古墳」は存在していると言える。見えるのに見えない。無いのに有る。ビジュアルを求める人には物足りないかもしれないが、ミステリアスなところが小松古墳群の魅力の一つと言える。

いつの日か、地中から石室が発見されるときが来るだろうか。小松の地に立ったとき、あなたは何を感じるだろうか。

「本当の正体を隠している古墳は？　―真名板高山古墳―」

心の状態によって、見え方や捉え方が違ってくるものだ。テンションが高いときに見る古墳は、お祭りのように明るく感じられる。逆に落ち込んでいるときは、寂しそうにたたずんでいるように見える。

真《ま》名《な》板《いた》高《たか》山《やま》古墳は、行田市真名板に横たわる前方後円墳だ。かなり大きい。古墳の周囲は民家や学校が建っているが、威風堂々と横たわっている。

全長およそ一〇四メートル。高さは前方部が七・三メートル、後円部が五・四メートルとなっている。前方部を南西に向け、さきたま古墳群から東方約四キロメートルのところに位置している。

周囲には、真名板高山古墳のほかに「古墳」と確認できるものはない。かつては存在していたが、時代の流れの中で消滅したのだろう。

古墳の後円部の傍らには薬師堂が建っている。境内には高さ三・五一メートルの大きな板碑や、強靭な生命力をアピールする樹高約三十メートルのイチョウの木などがあり、そちらに興味を覚える人がいてもおかしくはない。

実はこの真名板高山古墳には秘密がある。全長一〇四メートルの姿を堂々と横たわらせているが、本当の姿を隠している。本来の姿を見せようとしない。これが真名板高山古墳の魅力の一つだ。秘めた一面がぼくらの想像力をかき立たせ、好奇心をもって惹き付ける。

ミステリアスな一面。それは、規模にある。

実はこの古墳、一部が地中に沈み込んでいるのだ。その深さおよそ三メートル。行田市教育委員会の調査により、二重の周溝が巡っていることも明らかになった。

本来の真名板高山古墳は、いまぼくらが目にしている姿よりも、もっと大きいことになる。その推測規模は、全長約一二七メートル。高さは九〜十メートルにも及ぶ。何気なく横たわっているふりをして、そんな秘密を持っているわけだ。

なぜ地面に沈んでいるのだろうか。これは、関東造盆地運動という地面の沈降と、近くを流れる川の氾濫によって土砂をかぶったためと考えられる。ちなみに、真名板高山古墳の近隣に位置する小松古墳群一号墳は、全体がまるまる地中に埋まっている。これも、関東造盆地運動と川の氾濫が原因と見られていて、真名板高山古墳を考える上で参考になる。

茸塚一三郎氏の研究によると、「真名板」の地名は、「マナ」「マサゴ」からくるもので、小石や砂利の意味があるという。隣接する「藤間《とうま》」の地名は、沼や沼地を意味する「トマン」というアイヌ語からきているということ、「串作《くしつくり》」の地名も、「クシ」は砂丘などの長く連なった地形の高まりを指し、川沿いに発達した砂丘に由来することなど、その背景に「川」が見え隠れしている。

塚田良道氏、中島洋一氏は、真名板高山古墳築造の背景として、被葬者が利根川の水運を掌握したことによる「経済力」や「外交力」があったことを指摘（「真名板高山古墳の再検討」）。往時において一大勢力を築いていた可能性を示唆している。現在は民家や学校、田畑の広がるのどかな景色だが、真名板高山古墳の背景には、雄大に流れる川の匂いがそこはかとなく香る。

ぼくがこの古墳を初めて知ったのは十六歳のときだ。同級生の家からの帰り道に真名板高山古墳は横たわっていた。

と言っても、当時は郷土史に興味を持っていたわけではなく、それが一部埋没した古墳ということは知るはずもない。古墳の傍らに建つ薬師堂の山門が、宵の薄闇に覆われてちょっと恐かったのを覚えている。

ただ、不思議と真名板高山古墳は印象深く胸に引っかかった。ハイテンションなわけではなく、だからと言って憂い顔というわけでもない。古墳を見れば、意味深さと優しさをもってそこに横たわっていた。

ところで、ここにはある伝説が残っている。古墳ではない。古墳の麓に建つ薬師堂にまつわる伝説である。実は、フイゴを嫌う薬師さまとして知られている。

これは、薬師さま盗難事件に由来している。薬師さまは青銅でできているため、金欲しさに目のくらんだ者がいた。ある晩のこと、とうとうこれを盗み出してしまう。そして、売り飛ばした先は江戸の古物商だった。

古物商はこのようないきさつを知らない。薬師さまを溶かして中に入っているであろう金を取り出そうと、鋳物師へ渡した。むろん、鋳物師も薬師さまの来歴など知る由もなかった。注文が入ったから、いつものように仕事を始める。悪気などあるはずがなかった。鋳物師は薬師さまを火にくべる。そして、フイゴをかけた。普通ならば、真っ赤に燃えて溶けだすところだ。するとどうだろう。薬師さまは溶けるどこか、何の変化も起こらない。無傷のまま平然としている。

鋳物師は一生懸命フイゴをかける。手順が悪いわけではない。フイゴが壊れているわけでもなかった。しかし、どういうわけか、どんなに風を送り込んでも薬師さまはビクともしないのだ。

鋳物師もプロの職人である。溶けないからと言って、そう簡単に諦めるわけにはいかない。ムキになってフイゴをかけた。かけにかけた。その期間、実に七日七晩。ずっとフイゴをかけ続けた。が、とうとう薬師さまは溶けなかった。

それだけではない。鋳物師をはじめ、古物商は原因不明の高熱にうなされてしまう。何かいわれのある薬師さまに違いない。不思議に思った彼らは初めて疑問を覚えた。祈祷師に見てもらうと、このままでは町全体が高熱にうなされることになるという。人々は慌てて薬師さまの来歴を調べた。

すると意外な事実に行き着く。行田の真名板村から盗み出された薬師如来というではないか。人々は薬師さまに深くお詫びする。そして、盛大な見送り式を行った。

かくして、薬師さまは真名板に戻る。その際、山門やお堂が寄贈されたという。薬師さまの霊験を信じ、また畏れたのだろう。

無傷で戻って来た薬師さまだったが、このおかけですっかりフイゴ嫌いになった。以来、鍛冶屋や鋳掛屋が真名板村で商売することは遠慮したという。

この伝説の真偽は定かではない。後世の作り話の可能性はあるが、あながち荒唐無稽の話ではないのかもしれない。古墳と合わせて薬師堂も目にしておきたい。

地中にその一部が沈み込んでいる真名板高山古墳。観光地ではないが、知る人ぞ知る古墳だ。いままでどれほどの人がこの古墳を眺めたのだろう。

ぼくは真名板高山古墳の前に立つと、初めてその存在を知った十六歳のときの自分に会う気がする。不器用で、気持ちをうまく表現できなくて、何かに苛立ち、ときには反発し、秘めた想いに身を焦がす十六歳。約三メートル埋没している真名板高山古墳だが、ここには数多くの知られざる物語が一緒に眠っているに違いない。

薬師堂（行田市）

「古墳の石室に隠された秘密とは？　―地蔵塚古墳―」

若小玉古墳群（埼玉県行田市）は、さきたま古墳群から北におよそ二キロメートルのところにある。そこは工業団地になっていて、さきたま古墳群のように遠くから古墳の雄姿が見えるわけではない。

福島東雄が江戸時代に著した地誌『武蔵志』には、「古塚多クアリ」と記している。かつて若小玉古墳群には、百基以上の古墳があったらしい。しかし、現在は「地蔵塚古墳」と「八幡山古墳」の二基しかない。開墾や沼の干拓のために古墳は切り崩され、次第にその姿を消していった。

地蔵塚古墳は密集する住宅に埋もれるようにして残っている。離れたところから古墳を見ることはできない。ただ、墳頂に樹木が立っているから、地蔵塚古墳へ行くときはそれが目印になる。

この古墳の高さは四・五メートル。一辺を二十八メートルとする方墳だ。七世紀中葉の築造と考えられている。

墳頂には地蔵堂が建っている。格子戸から中を覗けば、安置されたお地蔵さまを見ることができる。そのわきには何体かの石地蔵が並んでいて、ここが古墳というより、宗教施設として人々に捉えられていたことがうかがえる。だから、いまに残ったのだろう。

お地蔵さまはそれぞれ表情が違う。優しいお顔のお地蔵さまがいれば、ひょうきんなお顔のお地蔵さまも……。手を合わせれば、心穏やかになれるかもしれない。

ところで、墳頂の地蔵堂もさることながら、嫌でも目に留まるものがある。それは、地蔵堂に登る石段のわきに設けられた石室の入り口だ。縦長の入り口がぽっかりと姿を現している。

しかし、中に入れるわけではない。門番のごとく、銀色の扉が固く閉じられている。中を覗くこともできない。一体、銀色のドアの向こうには何があるのだろう。

実は、この石室の中には大きな秘密が隠されていた。埼玉県内ではほかに事例のない秘密だ。それが明らかになったとき、発見者は息を飲んだに違いない。

その秘密とは線刻画。銀色のドアの向こう側、横穴式石室の壁面には、線刻画が施されているのだ。地蔵塚古墳は「装飾古墳」という一面を持っている。

この古墳に施された線刻画の内容は以下の通り。

烏帽子をかぶった人物
弓を引いている人物
馬
家とおぼしきもの
動物とおぼしきもの
水鳥

線刻画が発見されたのは昭和に入ってからのことだった。『新編武蔵風土記稿』が「前に石階ありて其右に岩窟あり」と記しているように、古くから石室があることは知られていた。しかし、そこに線刻画があるとは誰も気付かなかった。あるいは完全に忘れ去られていた。発見の発端となったのは、石室の修復工事のときだ。工事にあたって、じっくり観察したのだろう。

すると、壁に刻された線。よく見みればそれは絵になっているではないか。関係者たちの興奮で気温が一気に上昇したことは想像に難くない。

一体、地蔵塚古墳の線刻画には、どのような意味や想いが込められているのだろう。ちなみに、埼玉県内で線刻画を持つ古墳は、いまのところ地蔵塚古墳だけとなっている。住宅に埋もれるようにしてたたずんでいるが、実はそんな個性輝く古墳なのだ。

とはいえ、線刻画がいつも見られるわけではない。石室内は保存と保護のため非公開となっている。秘密はそう簡単には見られないということだ。でも、想像力を働かせれば、石室の線刻画たちがイキイキと動き出すだろう。

古墳は死者の眠る場所である。でも、いまを生きるぼくらは、そんな古墳に古代ロマンをかき立てられる。誰が何のために古墳の石室に絵を施したのか？　その歴史的背景とは？

長い眠りから覚めた地蔵塚古墳の線刻画。そこからぼくらはどんな古代を描くだろう。

「石室がむき出しになった古墳がある？　―八幡山古墳―」

八幡山古墳は、地蔵塚古墳から南東およそ五百メートルのところにある。工業団地の中にあって、建ち並ぶ工場に囲まれている。

この古墳について、「関東の石舞台」と聞くとピンとくる人がいるかもしれない。そう、本来ならば古墳の塚の中に眠る横穴石室がむき出しになっているのだ。

異様である。不思議な光景と言える。小高い丘の上に、細長い石造りの家が建っているような感覚だ。

ぼくが初めてこの古墳を知ったのは、本で紹介されているのをたまたま読んだからだ。

石室がむき出しになっている写真も掲載されていた。一体行田のどこにこんな妙な古墳があるのだろうと思ったら、よく行くラーメン屋さんの近くだった。

前述したように、八幡山古墳は工場に囲まれていて、遠くから眺めることはできない。バッタリ出会うには、大通りから少しそれなければならないのだ。ただ、案内板は建っている。八幡山古墳へ導いてくれる看板である。その場所にやや戸惑いを覚えるかもしれない。案内板は、工場脇の狭い道を指し示しているのだ。

半信半疑になる。本当にその道を通れば八幡山古墳に辿り着けるのか？　周囲を見渡しても、工場ばかりだ。古墳の雰囲気とはほど遠い。

しかし、看板が嘘をつくとは思えない。誰かの悪戯でそこに建っているわけではないだろう。戸惑いを覚え、半信半疑になりつつ、案内板の通りに行くしかない。

案ずることなかれ。看板の案内に従えば必ず辿り着く。八幡山古墳はじっと来訪者を待っている。かくして、工場に挟まれた道を自転車で入ったぼくは、難なく八幡山古墳と対面を果たした。写真通りだ。いや、それ以上の迫力である。写真で見るより立体的に迫ってくる。百聞は一見に如かず。

石室は古くからその存在が知られていた。江戸時代後期に成立した地誌『新編武蔵風土記稿』には、「八幡社」として次のように記されている。

社地は塚上にて鋪十間四方、高さ一丈五六尺、巽の方に塚の崩し所あり、其間より石櫃とおぼしきもの顯る、三方平らなる石にて疊み上げ、厚さ一尺の黒き岩石を屋根とせり、

内の廣さ三疊を敷ほどにて、其中に八幡の石祠を置、いかにも上代の墳墓と見えたれど、
今土人もその故を傳へず

古墳の一角が崩れて石室が見えており、その中に八幡社の石祠を祀っていたことがわかる。つまり、この頃はまだ石室の全貌は明らかになっていなかったということだ。

では、石室はいつからその全貌を現すようになったのだろう。それは、昭和九年（一九三四）まで待たなければならない。八幡山古墳から東に約二キロメートルのところに広がっていた小針沼を干拓するために目を付けられたのだ。

古墳を切り崩してその土で沼を埋めた。長い年月を経てきた古墳でも、壊されるのは簡単だ。瞬く間に姿を変え、土に眠っていた横穴式石室が姿を現したのだ。

興奮した者もいただろう。でも古墳の破壊ということに変わりはない。複雑な思いで見守っていた人もいたかもしれない。

かくして、八幡山古墳の横穴式石室はその全貌を現した。羨道・前室・中室・奥室からなる全長一六・七メートルの大きな石室だった。

現在ぼくらが目にする石室は復原されたものである。昭和五十年代の前半に復原整備が実施され、いまに至っている。

地蔵塚古墳と同様に、石室の出入り口には鍵が掛かっていて、中に入ることができない。ただ、土・日・祝日の十時~十六時にかけて公開されており、中の様子を見ることは可能だ。古墳時代の人間の気持ちになって足を踏み入れると、古墳が違って見えるかもしれない。

ところで、前掲の『新編武蔵風土記稿』では、石室の存在は知られていたが、誰の「墳墓」なのかということは何も伝わっていないとしている。

実はこの八幡山古墳、六三三年に武蔵国造に任ぜられた物部連兄麻呂《もののべのむらじえまろ》が埋葬された墳墓ではないか、という説がある。昭和五十二年から同五十四年にかけて、復原整備とともに発掘調査が実施されたとき、漆塗木棺の破片や銅鋺などの優品が出土し、被葬者が宮廷と関係の深い有力者ということが浮かび上がってきたのだ。まだ、「説」の域を出ないが、今後も目を離すことのできない古墳だ。

八幡山古墳の築造年代は、七世紀前半頃と推定されている。直径八十メートル、高さ九・五メートルの円墳で、昭和十九年(一九四四)には埼玉県の史跡に指定されている。現在は土のほとんどが切り崩されてしまったが、かつては大型の円墳として偉容を誇っていたはずだ。

ちなみに、敷地内には、防人《さきもり》の藤原部等母麿《ふじわらべのともまろ》とその妻物部刀自売《もののべのとじめ》の相聞歌の碑も建っている。『万葉集』に収録された歌で、古墳と合わせて目にしておきたい。

足柄の御坂《みさか》に立《た》して袖振らば
家《いは》なる妹《いも》はさやに見もかも（藤原部等母麿）

色深く背なが衣は染めましを
御坂たばらばまさやかに見む（物部刀自売）

等母麿夫妻の住まいが埼玉郡に比定されるために建てられた相聞碑だ。
「足柄山に立って袖を振ったならば、家にいる妻にはっきり見えるだろうか」と、歌った夫に対し、妻は、
「色濃く夫の衣を染めておけば、足柄山の坂の立つ姿がはっきりと見えるだろうに」と、返している。

古墳の築造と時代は異なるが、このように人間の気配が感じられると、親近感に似たものを覚えるのはなぜだろう。人は人に興味を覚え、共感したり、学んだり、憧れたりするからなのかもしれない。

八幡山古墳を含む一体は公園になっている。駐車場も設けられているから、車で気軽に行くことができる。子どもたちにとっては、遊び場の一つだろう。

石室の上に登って、駆け足をする子どもを目にしたことがある。公園内に古墳があろうと、石室が露わになっていようと、子どもたちには関係ない。遊具の一つである。

でも、大きくなって幼い頃を振り返ったとき、「古墳の石室でよく遊んだ」と言うのではないだろうか。もしかすると、この八幡山古墳がきっかけで考古学者になる子がいてもおかしくはない。縁は、何がどう結ばれるかわからないもの。石室の上を駆ける子は、未来の大きな舞台に立っているのかもしれない。

八幡山古墳の石室内

「埋もれた二十三基の古墳群に眠っていたものとは？　―酒巻古墳群―」

酒巻《さかまき》古墳群（埼玉県行田市）と聞くと、特徴あるハニワたちを思い浮かべる考古ファンは少なくないかもしれない。しかし、実際に足を運んでみると、利根川を背景に広がる水田ばかりだ。威容を誇る前方後円墳も、かわいらしい円墳もない。

実はこの酒巻古墳群は、真名板高山古墳（行田市）や小松古墳群一号墳（羽生市）のように地中に埋もれている。難易度が高い。何の知識や情報もなければ、そこが古墳群とは気付かない。何の変哲もない北埼玉の風景として通り過ぎるだけだ。

なぜ埋没しているのか。これも真名板や小松の古墳と同様に、関東造盆地運動による地面の沈降と、利根川の氾濫によって堆積物を受けたことが考えられている。

確かに利根川との距離は近い。古墳群が形成された当時にいまと同じ流路で流れていたとは限らないが、いつしか川の影響を大きく受け、次第にその地中に埋もれていったのだろう。

ちなみに、「酒巻」の地名は、川や水が「逆巻く」ことから付けられたという説がある。『新編武蔵風土記稿』でも、酒巻村の利根川の項で、「水勢さかまくさま、近郷又なき地なり」とある。水の気配がする。それも、荒々しい勢いで。

酒巻古墳群の近くを流れる利根川は、水が逆巻くほど激しく、一旦大雨が降れば牙を剥き、暴れ回っていたのだろう。古墳は一〜一・五メートルの高さまで川の堆積物で埋まっているという。

中には完全に埋没しない古墳もあった。地表から墳頂部が突き出るように残っていて、なんとか自分の存在をアピールする古墳もあった。それはまるで、ぽっかりと浮かぶ島のようだったとか。

地元の人は、そのかろうじて残った古墳の墳頂部を切り崩して畑にしたという。その畑は「飛び島地」や「島畑」と呼ばれた。したがって、水田より高くなっている畑は、かつての古墳の墳頂の可能性がある。畑になる前は、ポコポコと土山が盛り上がっていたのだろうか。ややもすると奇妙な光景が酒巻の地には広がっていたのかもしれない。

そんな酒巻古墳群に調査のメスが入ったのは、昭和三十六年（一九六一）のことだ。その後調査が本格化し、長く埋もれてきた古墳たちが次々に陽の目を見ることになる。

これまでに確認された古墳は二十三基。一見平地の田園風景に、二十三基もの古墳がひっそりと群を成していたのである。

調査の結果により、酒巻古墳群は六世紀後半から七世紀頃に造られた古墳群ということが見えてきた。古墳の形態は、円墳、前方後円墳、帆立貝型前方後円墳といくつか確認されたものもある。しかし、いかんせん埋没している古墳。不明なものもあるし、推定の域を出ないものもある。まだ未調査の古墳もあるから、その全容が明らかになっているわけではないのだ。そこにはどんなものが眠っているのか、今後の調査が期待されるだろう。

ところで、長年にわたる調査で二十三基の古墳が確認されるとともに、その眠りから目を覚ましたものがある。それはハニワ。特徴ある酒巻古墳群のハニワたちが、次々に地中から姿を現したのだ。

特に、酒巻古墳群十四号墳から出土したハニワは、個性派揃いで注目を集めることになる。十四号墳は昭和六十一年（一九八六）から翌年にかけて調査が実施され、幅約四メートルの周溝を持ち、墳丘中段にテラスを持つことが確認された。六世紀末の築造と推定され、テラス上に二重にめぐるハニワ列が出土。

中でも、旗を立てた馬形ハニワは逸品だ。ただの馬形ハニワではない。その背中にパイプ状の筒が突き出ていて、旗を模した別造の竿が差し込まれる作りになっているのだ。

当時、高句麗からもたらされた文化の影響により、儀礼等で旗を立てた馬が闊歩するようになったのだろう。

ハニワ作りの職人はそれを実際に目にし、観察して、旗を立てる馬形ハニワを作ったのかもしれない。その出来上がりに満足したかどうかは知る由もないが、新しい時代の風を感じていたのではないだろうか。

この旗を立てる部品を伴う馬形ハニワは、いまのところ全国で唯一の事例となっている。「飛び島地」「島畑」と呼ばれ、地中に埋もれた古墳の中から、誰がこのようなハニワが眠っていると想像しただろう。特徴ある馬形ハニワは、昭和の終わりに眠りから覚め、瞬く間に全国を駆け巡ったと言っていい。

十四号墳から出土した個性派ハニワは馬だけではない。手の指先まですっぽりと覆い隠す筒袖を着た男子ハニワや、衣服の上に褌を付け、装身具を身にまとう力士ハニワなど、研究者のみならず、多くの考古ファンの心をくすぐった。

頭巾をかぶった男子ハニワ、振り分け髪の男子ハニワ、髷を結っている女子ハニワなど、当時の風俗を豊かに表したハニワたちは、長い歳月を経て古墳時代に生きた人々を現代に甦らせた。

物言わぬハニワだが、そこに表現されたものは、いまを生きる我々に多くのものを語りかけてくる。それに耳を傾ければ、地中に埋もれた酒巻古墳群からも賑やかなざわめきが聞こえてくるだろう。

前述の通り、酒巻古墳群は田んぼや畑になっているところがほとんどだ。パッと見れば、北埼玉の豊かな田園風景の一つである。

中学時代から高校時代にかけて、ぼくは自転車で利根川の土手を走って酒巻古墳群からほど近い福川水門へ行くのが好きだった。高い土手の上から酒巻の田園風景を眺めることができる。当時、それが古墳群とは全く知らなかったし、その予感を覚えることもなかった。

身近で見慣れた景色の中に、隠れた歴史を知ることは興奮そのものである。景色が揺らぐほどの衝撃を覚えた。

もし、古墳時代にもいまのように高い土手があったならば、土山が盛り上がる群集墳の光景を望むことができただろう。そこにはどんな人たちが住み、どんな楽しみや悩みをもって生きていたのだろうか。そんなことを思いながら眺めてみると、当時の人たちの声や歌が聞こえてくるかもしれない。

一つでも知らなかった知識を得ると、それまで見過ごしていた景色が意味あるものとして切り取られ、迫ってくる。

しかし、何度も言うように、見た目にはただの田園風景だ。そこが古墳群と気付くはずもない。だから、土手の上から遠い目をして酒巻古墳群を眺めても、道行く人に不思議がられるかもしれない。あの人はあそこで何をしているのだろう？　と。

「羽生市内最大の前方後円墳にはどんな歴史ロマンが眠る？　―永明寺古墳―」

羽生市内で最大の前方後円墳は村君《むらきみ》にある。村君古墳群の一つ永明寺《ようめいじ》古墳がそれだ。群馬県へ突き出るように流れる利根川のすぐ近くに横たわっている。

墳長は七十三メートル。前方部の幅は四十二メートルで、後円部の径は三十六メートルという規模である。前方部、後円部ともに高さは七メートル。これが、羽生市内に現存する最大の前方後円墳の規模となっている。

利根川の土手の上からも永明寺古墳を望める。しかし、古墳の上は樹木に覆われていて、その形を見ることはできない。樹木の生い茂ったちょっと小高い山という印象かもしれない。

古墳の麓には、永明寺というお寺が建っている。「永明寺」と書いて「ようめいじ」と読む。地元の人でもなければ、一度で「ようめいじ」とは読めないだろう。「えいめいじ」と言いたくなる。

元々は「養命寺」と表記されるお寺だった。それがいつしか永明寺に変わる。しかし、読み方までは変わらなかったらしい。いまでも「ようめいじ」と呼び、それが古墳の名前に使われている。

古墳の上にもお堂が建っている。しかも、一つだけではない。後円部の上に立つのは薬師堂。前方部にあるのは文殊堂だ。墳頂はちょっとした参道のようになっている。だから、古墳に設けられた階段を上り、二つのお堂を参拝することは可能だ。

永明寺古墳が羽生市内最大の古墳とはいえ、地元以外のどれほどの市民がその存在を知っているだろう。郷土史好きか考古ファンでなければ、出会うきっかけはそうはないと思う。

ぼく自身、郷土史に興味を持つまで永明寺古墳の「よ」の字も知らなかった。学校で教わった記憶もないし（単に忘れているだけかもしれないが）、身近な大人や友人の口から聞いたこともない。村君地区に住む同級生はいたが、永明寺古墳の話題が出ることは一度もなかった。

ぼくが羽生に古墳があると知ったのは中学生のときだ。永明寺古墳と出会うのはさらに年を重ねてからで、実際に足を運んだのは二十歳を過ぎてからのことだ。郷土史に興味を持たなかったならば、出会いはもっと遅れたに違いない。これは特殊な事例というわけではなく、永明寺古墳は誰もが知る古墳とは言い難い。

ただ、知る人ぞ知る古墳である。古くからその存在は知られていた。近世に福島東雄が編んだ地誌『武蔵志』には、「境内（永明寺）牛ノ伏タル如キ丈余ノ塚アリ」と記されている。これよりあとに成立した『新編武蔵風土記稿』にも、「薬師堂　客殿の地にあり、長三十間余、横八間、高さ二丈許の塚上に建り、是古代の貴人の墳墓なるべし」とある。

福島東雄は実際にこの地に足を運び、永明寺古墳を目にしたのだろう。その形を、「牛が伏せたような」という表現がいい。当時は古墳の形がよく見えたのかもしれない。

昭和六年（一九三一）、地元の篤志家たちによって発掘が行われる。調査というより、掘り起こしだった。後円部の薬師堂の下を掘ってみると、河原石を用いた主体部を発見。それだけではなかった。中から直刀や耳環、衝角付兜や桂甲小札、九窓鐔付大刀片、馬具などが出土したのである。

姿を現した副葬品の品々に、参加者たちが興奮したことは想像に難くない。これらは埋め戻されず、保管されることとなった。永明寺古墳を知る上で、貴重な資料となったことは言うまでもない。

ところで、利根川流路の観点から見たとき、一つのシナリオとして、永明寺古墳は武蔵国ではなく上毛野国側の勢力下にあり、大和政権と対立関係にあったのではないかという説が浮かび上がってくる。すなわち、被葬者は武具を身につけ、両勢力の最前線で戦っていたとする説だ。

利根川の本流は、かつて現在の羽生市域の西を流れていた。古墳時代もそうだったとするならば、永明寺古墳は上毛野国に組み込まれていた可能性がある。古墳から出土した武具は、両勢力の狭間で生きていかなければならなかった被葬者の人生を、静かに物語っているのかもしれない。

しかし、近年の研究ではそのような見方に否定的だ。ハニワの作りや胎土がさきたま古墳群内の稲荷山古墳と共通する点があるため、永明寺古墳の被葬者は武蔵国側だったとする見方が強まっている。

なお、これまで永明寺古墳の築造時期は六世紀後半と考えられてきたが、出土したハニワから見直すと、五世紀後葉の可能性も出てきているという。

その時期に築造された周辺古墳としては、さきたま古墳群の稲荷山古墳や二子山古墳、犬塚・斎条古墳群のとやま古墳、大稲荷古墳群の大稲荷一号墳や羽生古墳群の保呂羽堂古墳などが挙げられる。これらの状況から見て、塚田良道氏らは、「埼玉古墳群を頂点とする支配構造が、利根川中流域右岸の低地帯を含めた形で成立した状況を示唆している」と指摘している（『羽生古墳群　―利根川中流域右岸における古墳の測量調査―』）。

すなわち、永明寺古墳の被葬者は、「埼玉古墳群の被葬者を中心とする地域政権」の中に組み込まれ、その「経済基盤」の一端を担っていたことになる。敵対するどころではなく、利根川右岸における地域政権を支えていたわけだ。

なお、塚田氏らは、「稲荷山古墳に次ぐ規模の前方後円墳である永明寺古墳が、利根川に突出した場所に築かれたことは、利根川の沿岸が重視されたことの反映といえよう」と、述べている（同掲書）。

そこはかとなく政治的な匂いがする。軍事的な匂いと言ってもいい。永明寺古墳に眠る者が誰なのか定かではないが、近隣の古墳と合わせて考えてみると、その人物像が浮かび上がってくるだろう。そこに想いを馳せるのも歴史の面白さの一つだ。利根川沿岸で、牛が伏せたように横たわる永明寺古墳に、あなたはどんな歴史ロマンを抱くだろうか。

「その古墳にはどんな〝貴人〟が眠っている？　―御廟塚古墳―」

御廟塚古墳（埼玉県羽生市）は、永明寺古墳の西の方角に位置している。「御廟塚」と書いて「みびょうづか」と読む。かつてここにお寺があった名残からだろうか。この辺りを「みびょうどう」「みみどう」と呼ぶ古老もいる。

ちなみに、明治初年まで後円部に稲荷社が祀られていたため、別名「稲荷塚」とも言った。この稲荷社は、近くの鷲宮神社の境内に移されたという。

現在は、土山が一つ盛り上がっていて円墳のように見えるが、かつては前方後円墳だったらしい。この古墳の傍らには用水路が流れている。これが前方部と後円部を完全に分断させた。開墾や用水路の掘削によって後円部は消滅したのだろう。したがって、古墳の規模は不明。現在ぼくらが目にしている御廟塚古墳は、前方部のみということになる。

ぼくがこの古墳と出会った頃は、墳頂に何本かの木が立っていた。秋口だったこともあって、彼岸花があちこちに咲き、風情ある光景だったのを覚えている。

しかし、墳頂の樹木はいつの間にか伐採され、こざっぱりとしている。古墳の形がよく見える。ただ、何の特徴もない土山に見えてしまうのは気のせいだろうか。以前は墳頂の木が目印代わりでもあった。そこはかとなく情緒が漂い、近くを通り過ぎれば必ず目に留まったものだ。樹木がなくなったいま、目に入ることはあってもそのまま通り過ぎてしまう気がする。逆に目立たなくなったかもしれない。

この古墳もまた、何も知らなければ通り過ぎてしまうだけだろう。後円部は消滅しているし、目を見張るほどの大きさでもない。永明寺古墳よりも知名度は低いと思う。

おまけに注目すべき遺物が出土したという話も伝わっていない。明治時代に開墾したときに石室が現れて、中から轡《くつわ》が出土したという。この轡は近くの鷲宮神社に奉納し、神宝として保存されたが、現在は行方不明だという。

なお、『羽生市史』によると、陶棺の破片とおぼしきものが出土している。石室の一部とおぼしき石も出土したが、民家の前に橋として再利用されたらしい。その橋は、その後一体どこへ行ってしまったのだろうか。

まだ見ぬ遺物が眠っている可能性はあるかもしれない。ただ、それがいつ陽の目を見るかは未知数である。

ところで、この御廟塚古墳には、古くからある伝説が伝わっている。それは貴人が眠っているという伝説だ。

しかも一人ではない。二人の貴人が眠っているという。その貴人とは、村君大夫と彦狭島王《ひこさしまおう》である。前方部に村君大夫、後円部に彦狭島王が葬られたと伝わっている。

村君大夫はこの地に住み、村君の由来となった人物だ。詳細は不明だが、その霊は経江明神と祀られたのち、鷲明神と改称された。御廟塚古墳から程近くに鎮座する鷲宮神社がそれである。

彦狭島王は、豊城入彦命《とよきいりひこのみこと》の孫と伝えられる。命を受けて東国に派遣されたのだが、「春日穴咋村」という場所で死去。東国の民はこれを悲しみ、彦狭島王の亡骸を盗むと「上野国」に葬ったという。

真偽は定かではない。「上野国」に葬ったとあるから、御廟塚古墳は無関係と思いきや、『大日本國誌 武蔵國』などでは当時の村君は上野国に属していたと伝えている。

興味深い。火のないところに煙は立たないというから、伝説が発生するだけの何かが村君にはあったのだろう。「村君」という地名からしても、この地には貴人の気配がする。村君大夫や彦狭島王が眠るという伝説から、「御廟塚」という名前が付けられたのかもしれない。

羽生市内において、被葬者の名前が伝説でも挙がっているのは村君古墳群くらいなものだ。

御廟塚古墳はその内の一つということになる。用水路に分断され、後円部を失っているとはいえ、歴史ロマンをかき立てる古墳と言えよう。地味なものこそ、ほかにはないきらめきを持つものがある。

ちなみに、永明寺古墳と同様に御廟塚古墳の麓には墓地が広がっている。かつてここには成就院《じょうじゅいん》というお寺があり、その名残だ。真義真言宗のお寺で、本尊を地蔵菩薩としていた。しかし、明治期の廃仏毀釈によって廃寺となる。鷲宮神社の別当でもあった。

余談だが、御廟塚古墳の近くには、尾上朝運《おのうえちょううん》という仏師が住んでいた。文化四年（一八〇七）に下村君で生まれ、名を辰五郎と言った。

『羽生市史』によると、朝運の祖父は舟大工を営んでいたらしい。手先が器用で、朝運は幼い頃から木材の扱いには慣れていたのだろうか。

十八歳になると仏師岩国光関に仕え、彫刻を学んだ。仏像を手がけ、その作品は羽生市域に留まらず、栃木県足利市などにもあるとされる。

朝運も御廟塚古墳を目にしただろうし、墳頂に立つこともあったかもしれない。彦狭島王の伝説を耳にしていたとすれば、何かしらの影響を受けただろうか。古代ロマンとはいささか異なるし、尾上朝運が実際にどう捉えていたのか知る由もないが、絶え間ない時の流れの中で、遺物や遺跡がその時代に生きた人々にどう影響をもたらしたのか、そんなことに想いを馳せるのも歴史周訪の楽しみに数えていいと思う。

過去の人々が目にしてきた古墳を、現代に生きるぼくらも見聞きし、何かを感じている。そして、それを次代に繋げていく。歴史周訪は時代を越えて受け繋ぐ命のリレーみたいなものだ。そう言ったら大げさだろうか。ただ、そんな意識でいると、名の知られていない史跡でも、出会えたことに感謝の気持ちがわき起こってくるのである。

「古墳に眠る貴人は年に一度〝里帰り〟する？　―稲荷塚古墳―」

村君古墳群の一つ稲荷塚古墳（鷲宮神社古墳）は、神社の中にある（埼玉県羽生市）。村君公民館に隣接して鎮座する鷲宮神社がそれである。

公民館を目印に向かえば、比較的アクセスしやすい。位置としては、永明寺古墳と御廟塚古墳の間になる。

ただ、両古墳と比べて「古墳」らしくないかもしれない。なぜなら、墳頂に鷲宮神社の社殿が建っているからだ。古墳は削り取られ、高さは一・五メートルほどしかない。墳丘の径は二十メートル。円墳に見えるが、その大部分が破壊されたのだとしたら、元は前方後円墳だった可能性もあるだろうか。

神社と完全に一体化しているように見える。しかし、『新編武蔵風土記稿』によると、社殿を修復するとき、土中から長さ六尺くらいの甲冑を着た「陶像」が姿を現したという。これはハニワだろう。その場にいた関係者たちは驚き、畏れたに違いない。

そのハニワが地上で保管されることはなかった。神社を管理する成就院の住職が「元のように埋めよ」と言ったという。かくして、「甲冑を帯せし陶像」は再び埋め戻された。その後人の手が加わってないのだとしたら、その「陶像」はいまも地中に眠っているはずだ。

なお、昭和三十四年（一九五九）四月に境内に立つ木々の伐採が行われたとき、円筒ハニワおよび人物ハニワの破片が発見されたという。これらの事例から、境内や田畑にハニワ片が落ちていたとしてもおかしくはない。

境内で遊ぶ子どもたちの中にも、落ちているハニワ片を見たり触ったりした子は少なからずいたかもしれない。家に持ち帰ってコレクションした子もいただろうか。昔の神社の境内というと、駆け回る子どもたちの姿を想像してしまう。

ところで、下村君の鎮守である鷲宮神社は、『新編武蔵風土記稿』では、「鷲明神横沼明神合社」という名で表記されている。「社地は少し高ふして且古杉繁し、いとものふるさまなり」と、江戸時代後期当時の神社の様子を記している。

杉林が鬱蒼と生い茂り、厳かな雰囲気に包まれていたのだろう。現在「古杉」は見当たらないが、ときの重みを感じさせることに変わりはない。

この神社で興味深いのは、祀られている霊である。二つの霊が祀られている。「村君大夫」と「御諸別王《みもろわけおう》の女」だ。

村君大夫は、かつてこの地に住んでいたとされる人物である。御廟塚古墳の項でも触れたが、この人物の名が村名になり、御廟塚古墳の前方部に葬られたという。

この地の支配者だったのだろう。亡きあと、民たちは村君大夫の霊を祀り、経江明神と称した。そして、いつしか鷲明神と名を改め、いまに至っている。

一方、御諸別王の女は詳細不明だ。『新編武蔵風土記稿』では、「御諸別王の息女」としている。御諸別王とは、彦狭島王《ひこさしまおう》の子とされる人物だ。彦狭島王亡きあと、御諸別王も命を受け、東国へ派遣されてきた。武功に優れた人物だったらしい。この御諸別王を祀ったのが、御室《みむろ》神社（加須市樋遣川）である。御諸別王は火矢を使って戦ったので、火矢利＝樋遣《ひやり》と地名が起こったという伝説もある。

そんな御諸別王の息女は、村君に嫁いできたらしい。その女性を祀ったのが、横沼明神社と言われている。いや、伝説である。それが史実と断言はできない。

この伝説をモチーフとした神事が、かつて鷲宮神社と御室神社の間で行われていた。その神事を「おかえり」と言う。御諸別王の息女の里帰りの行事である。

「おかえり」は毎年十一月の初申の日に実施されていた。鷲宮神社から御室神社まで神輿を渡すという内容なのだが、いくつかの形式があった。先頭に立つのは、鷲宮神社の別当すなわち神主である。神主は榊をかけた神鏡を持つと、馬に乗った。巫女も一人馬に乗り、そのあとに続く。さらに氏子百人という大勢の供の物がぞろぞろとそのあとをついていった。

さぞかし見応えがあったことだろう。粛々と御室神社に向けて歩いていったのではないだろうか。それとも、供の者は喋りながら陽気についていったのか……。

さて、御室神社側では、御諸別王の息女の里帰りをいまかいまかと待っていた。年に一度の里帰りである。御諸別王の神霊も首を長くして待っていたことだろう。

そして、一行が到着すると御室神社側は手厚く迎えた。『武蔵志』によると、饗応し、酒盛りを始めたのだとか。あるとき、御室神社の氏子で酒に酔った者が神鏡を壊してしまったらしい。すると、その者の家では災いが重なり、いつしか村からいなくなってしまったという。

帰りは不思議と馬たちが帰りたがらなかった。いつまでも実家で過ごしていたいという御諸別王の息女の気持ちを代弁しているらしい。

そこで、御室神社側の村人たちが棒や竹でけしかけることになっていた。これがいつしか恒例行事となり、中には早く帰りたがっている馬も一緒にけしかけられていた。これを楽しみにしていた血の気の多い者もいた。ある年のこと、村の若者があまりに乱暴にけしかけたためにクレームが付き、詫び状を出すという騒動も起こっている。若気の至りというやつである。

「おかえり」という神事は明治四十年頃まで行われていた。残念ながらいまは見られない。もしこの行事が続いていたならば、無形民俗文化財になっていたかもしれない。メディアに取り上げられることもあっただろう。

このように、鷲宮神社には村君大夫と御諸別王の息女という二つの霊が祀られ、伝説が残っている。また、伝説を元にした神事も行われていた。村人たちは子から子へ伝説を語り継ぎ、伝統行事を大切に守っていた。羽生市内で古墳への意識が一番高かったのは、もしかすると村君地区だったのかもしれない。

さて、鷲宮神社の下に横たわる稲荷塚古墳の主体部は不明で、誰が眠っているとの伝説はない。築造時期も不明である。伝説には全く登場しない人物が葬られたとしてもおかしくはない。

江戸時代に一度だけ姿を現した甲冑姿のハニワは、いつかまた地中から姿を現わすことがあるだろうか。境内は深閑としているが、予感めいた雰囲気を漂わせている。

御室神社（加須市）

「″王″が眠るという伝説が残る古墳とは？　―樋遣川古墳群―」

樋遣川《ひやりかわ》古墳群（埼玉県加須市）は、古くから「七塚」と呼ばれていた。その名の通り、七つの塚が意味深にたたずんでいたからだ。『新編武蔵風土記稿』に記された七塚は以下の通り。

穴咋塚
諸塚《もろつか》
石子塚
稲荷塚
浅間塚
寶塚
宮西塚

いずれも高さ六、七尺（一・八一メートル～二・一二メートル）だったというから、二メートル前後の古墳群が形成されていたことがうかがえる。

ちなみに、樋遣川には七つの沼もあった。道木沼、赤沼、堀子沼、三歩沼、田沼、皿沼、呼子沼の「七沼」だ。

自ずと伝説が発生しそうな環境だ。実際に、ここにはいくつかの伝説がある。「七塚」「七沼」と聞いただけで、好奇心をくすぐられるのではないだろうか。

しかし、実際に樋遣川へ足を運んでも、「七沼」を目にすることはできない。いずれの沼も埋め立てられ、消滅したという。

「七塚」も、これと似た道を辿っている。人の手で造られたものは、再び人の手によって消えていく。時代の流れとともに、開墾などで次第にその姿はなくなっていった。

ただ、七塚が全て消滅したわけではない。四基が消え、三基が現存している。諸塚、稲荷塚、浅間塚である。

諸塚の上には御室《みむろ》神社の社殿が建ち、稲荷塚には稲荷神社、浅間塚には浅間神社が祀られている。もし神社という宗教施設でなかったのならば、この三基も消滅していたかもしれない。

いずれも円墳だ。前方後円墳と疑われたものもあったが、測量調査によって円墳と確認された。ほかの四基は消滅してしたため調べようがないが、いずれも円墳だったと思われる。

先に少し触れた通り、この七塚こと樋遣川古墳群には伝説がある。諸塚は御室神社が祀られていることから、御室塚古墳と呼ばれている。『大日本國誌　武蔵國』ではこの古墳を「王の陵墓」と記している。

王とは誰か？　それは彦狭島王《ひこさしまおう》の子御諸別王《みもろわけおう》である。羽生の稲荷塚古墳の項でも触れたが、彦狭島王亡きあと東国に派遣され、同地を治めたと伝えられる人物だ。

御室神社の社伝によると、樋遣川村は元々「穴咋村《あなぐい》」という村名だった。しかし、御諸別王が火矢を使って敵を倒したため、「火矢利の里」と改めたという。

この伝説を信じる人もいれば、懐疑的な人もいた。『新編武蔵風土記稿』は後者の立場をとり、「此社伝は近頃成りし物にて、記事の内牽強と覚しき事多ければ信じ難し」と記している。

ゆえに、伝説をどう捉えるかはその人次第である。ただ、御室塚古墳は御諸別王の陵墓とし、御室神社は王の霊を祀ったものと伝えられてきた。

かつてこの御諸別王の息女が里帰りするという神事「おかえり」が行われていた。王の息女が嫁いだのは村君（羽生市村君）である。毎年十一月の初申の日に、村君から御室神社まで列をなして帰ったのだ。御室神社の氏子たちはこれを盛大にもてなし、年に一度の里帰りを祝った。

とても興味深い神事だが、現在は実施されていない。明治四十年頃に廃されて以来、いまに至っている。

御室塚古墳は、東西径三十五メートル、南北径三十七メートル、高さ五メートルの円墳だ。墳頂に社殿が祀られているため、古墳は削られている。

主体部は不明。『新編武蔵風土記稿』によると、この古墳の辺りから「古鏡、古劔、曲玉、陶器」などが数多く出土したという。この御室塚古墳は「七塚」の内の一つである。ここに王が葬られたという伝説がある。

ほかの古墳に伝説が全くないかと言えばそうではない。御諸別王の子孫が眠っていると伝わるものもある。現存する稲荷塚古墳と浅間塚古墳がそれである。

何を伝説の根拠としているのだろう。『武蔵国郡村誌』には「三（御）諸別王子孫の古墳なり」とあるが、具体名などは記されていない。

いまはない石子塚も同様である。『武蔵国郡村誌』は「王の子孫の古墳なり」と記すが、同書の編まれた明治初期当時にはすでに開墾され、「今は畑地となれり」と伝えている。

穴塚（寶塚）は御諸別王の館跡、穴咋塚は王が陣営を敷いた場所だったという。杭を立てて釜をかけたことにより「釜杭」と称したなどと、同書は言う。

いずれも御諸別王に関する伝説である。御室神社及び御室塚古墳の伝説にリンクして発生したのかもしれない。七つの塚がたたずんでいるのだから、何かしらの結び付きを想像し、意味付けしたくなるのが人の心というものだろう。実際、御諸別王でなくとも、この地に生きた有力者の一族の結び付きはあったのかもしれない。

ところで、この「七塚」の中に、宮西塚古墳があった。すでに消滅した古墳だ。御室塚古墳から西へ約六百メートルのところに存在していた。御室神社の西にあるから「宮西」の名が付いたのだろう。

この古墳からはさまざまな遺物が出土し、現存している。銅鏡、ガラス製小玉、轡、辻金具などの馬具、大刀片、円筒ハニワ片などで、六世紀中葉の遺物と見られている。

宮西塚古墳の発掘エピソードがいささか興味深い。文政年間(一八一八~一八三〇)のある日のこと、空から雪が舞い降りた。雪はシンシンと降り積もり、いつしか辺り一面雪景色となる。ところが、どういうわけか宮西塚古墳だけは雪が積もらない。ほかはみんな雪化粧しているのに、普段と変わらない姿でたたずんでいる。

これは何かあるに違いない。不審に思った村人たちは、宮西塚古墳を掘り起こした。その中から何が現れたかというと、「四方二間余巨石」だった。中を調べてみると、「金輪」「古鏡」「古剣」「曲玉」「長刀」が出土したと、『武蔵国郡村誌』は記している。

神秘性を帯びたエピソードだ。これは根も葉もない作り話というわけではなく、実際にあったことなのかもしれない。それも、神秘的な力によるものではなく、科学的な理由で説明できるもの。古墳が消滅したいまとなっては定かではないが、「名探偵」がいたならば、そのトリックを饒舌に口にするかもしれない。

雪が積もらないからと言って畏れを抱くのではなく、発掘という積極的な行動に出る村人が面白い。さぞかし不思議に思ったことだろう。何かのお告げのように捉えただろうか。

このように、樋遣川古墳群は何かと「言い伝え」が多い。古墳そのものの情報は決して多くはない。七塚の四塚は消滅しているし、主体部や遺物の情報は皆無ではないにせよ、何も伝わっていないものもあれば、いつの間にか散逸してしまった遺物もある。だから、言い伝えが先行している感は否めない。

逆に、言い伝えや伝説が好きな人にとっては心くすぐられる場所だろう。伝説を元に行われていた「おかえり」の神事などは、民俗学的にも興味深い。地域の人たちが伝説を語り継ぎ、実際に神事を行っていたことは重要だ。例え伝説が全くの的外れだったとしても、地域の人たちの心に深く根付き、生き続きていたのだ。

その神事はすでに行われていないが、ぼくのような伝説や言い伝えに心惹かれる後進の者が、この樋遣川古墳群に目を向けるきっかけを与えてくれる。今後も脈々と語り継いで、生き続けていくのだろう。

現在の樋遣川はのどかな田園風景が広がっている。ちなみに、樋遣川の地名の起こりは「火矢利」だけでなく、その昔利根川に樋を設けて用水を引いたことによるという説もある。『新編武蔵風土記稿』によると、古利根川の流路跡はあるものの、冷やかし程度にわずかな水の流れがあるだけで、「川」と呼べるものはなかったという。

しかし、長雨の季節になると、川幅は一気に膨らみ、四、五間から七、八間にも及んだ。古利根川の再来である。たっぷり水を含んだ川は、その偉容な姿を現し、人々に畏怖の念を呼び起こしたのかもしれない。

樋遣川は、古利根川を背景に古くから拓けた地域だった。七塚に眠る被葬者も、利根川に畏怖を抱きながら川の恵みを受けながら暮らしていたのではないだろうか。

そんな古墳時代に想いを馳せるようなものは、いまの樋遣川にはほとんど残っていない。ここもまた知らなければ御諸別王の伝説が眠っていることなど気付きようもない。身近なところや何気ないところに、知られざる伝説や歴史ロマンはあるものだ。

そこに目を向けたとき、これまでとは別の世界が拓け

御室塚古墳（加須市）

ていく。もし何気なく樋遣川古墳群を見過ごしていたのだとしたら、伝説に触れたあとでは、古墳の方から何か語りかけてくるかもしれない。

「古墳に眠っていた二つ目の秘密は？　―小見真観寺古墳―」

小見真観寺古墳《おみしんかんじ》（埼玉県行田市）へ初めて足を運んだのは、映画監督になった高校の同級生の作品を観た帰りだった。行田の公民館で上映会が催され、約十年ぶりに同級生と再会。とは言っても、高校時代に接点はなく、インターネットで彼女の存在を知り、行田の公民館で顔を合わせたのだ。

彼女が撮る映画はドキュメンタリーだ。実在する人物や場所にカメラを向け、その社会性やテーマを切り取る。だから、派手な事件は起こらないし、有名な俳優や女優が出てくるわけでもない。その日上映会で観た作品も、地域の駄菓子屋とそこに生きてきた人々が映し出されていた。

それぞれ生き方があり、物語がある。その物語が監督の手で編まれて一つの作品となっている。ぼくは高校時代の彼女を知らないが、人を見るまなざしや物の捉え方など、おそらく作品には彼女らしさが表れているのだろう。

小見真観寺古墳を初めて目にしたのは、そんな映画を観た帰りのことで、最初から予定していたのではなく、何とはなしに思い付いて立ち寄った。その古墳は真観寺というお寺の裏に横たわっている。墳長一〇二メートルの古墳は樹木に覆われ、鬱蒼としている。古墳の麓に広がるのは墓地。ぼくがそこへ足を踏み入れたとき、卒塔婆が風に揺れてカタカタと鳴っていた。

小見真観寺古墳は前方後円墳だ。かなり大きい。古墳の形は樹木に覆われているから、外からではよくわからないが、それだけに想像力も働いて、その威容さが伝わってくる。

小見真観寺古墳では二つの石室が発見されている。一つは後円部に、もう一つは古墳に設けられた石段を登った右側（鞍部）にある。鬱蒼と生い茂る樹木の中に、石室がポッカリと空いている。なんだか体が引きずり込まれそうな空間だ。無闇に立ち入ってはいけない気がする。一人で目の前にした真っ暗な石室は、背筋がゾクゾクするほど不気味だったのを覚えている。それは得も言われぬ刺激そのものでもあった。何か新しい物語が始まる予感とでも言えばいいのだろうか。近寄ってはいけないと直感が囁くのに、石室の中から誰かがおいでおいでをしている気がする。まるで、異世界へ足を踏み入れたような感覚が、心を捉えるのだ。

郷土史に興味を持った頃、古墳や館城跡は現実ではないどこかへ連れて行ってくれる入り口という感覚が強かった。そこには知られざる歴史、埋もれた物語がある。目の前の現実とは別の世界が広がっている。

それは、映画を観る感覚と似ていたかもしれない。舞台は地元。登場人物は埋もれた歴史上の人物たち。荒唐無稽なフィクションというわけではない。全てが史実でなくとも、それなりの根拠に基づいている。表舞台に登場しなくても、それぞれの人生が物語となって「歴史」を紡いでいる。

だから、古墳や館城跡に足を運ぶことは、現実の不安や焦燥感を忘れ、ときにはいまを生きるヒントを与えてくれる映画館へ行くのも同然だった。二十代の多くの時間を将来の見えないトンネルの中で過ごしていたぼくにとって、特に郷土史に対する想いはそういう感覚が強かった。

さて、小見真観寺古墳に存在する二つの石室だが、両方同時に発見されたわけではない。最初に発見されたのは後円部にある石室（第一主体部）だった。寛永十一年（一六三四）に掘り出されたという。

もう一つ鞍部の石室（第二主体部）は、時代が下がって明治十三年（一八八〇）に発見された。長いこと知られていなかったことがわかる。土に埋もれ、第一主体部が発見されても、そのまま息を潜めてときを重ねていた。

その長い眠りから目を覚ましたのは野狐がきっかけだった。明治十三年のある日のこと、野狐が家で飼っていたニワトリを襲って奪い去るという事件（？）が起こった。

それを見ていたのは家主だろうか。血相を変えて野狐を追いかける。野狐も必死になって逃げる。人と狐の追いかけっこである。いまとなっては微笑ましい光景に思えるが、当時は日常茶飯事だったのかもしれない。

野狐は、真観寺に逃げ込む。そして、お寺の後ろにある古墳へと逃げ去った。人も負けてはいない。お寺の境内に入り、古墳を駆けのぼった。

すると、野狐は忽然と姿を消す。まるで人を化かすように、古墳の上で消えてしまう。化かしたのではない。そこには穴が空いていた。覗けば人がすっぽりと入ってしまう空間が広がっている。狐が巣のために掘ったものではない。

これは怪しいと思ったのだろう。かくして、その穴を穿ってみると、中から「岩窟」こと石室が現れたのだ（『大日本國誌　武蔵國』）。狐をどこまでも追いかけた執念、根性、古墳の上に空いた穴への不審と好奇心が、第二主体部の発見につながったと言えよう。こういうエピソードは面白い。

このように、発見に大きな時間差があるから、明治十三年以前に編まれた地誌に第一主体部のことが書かれていても、第二主体部については触れられていない。『武蔵志』は「八尺四方ノ窟アリ」と記し、『新編武蔵風土記稿』は「観音堂　（中略）此堂の後の方小高も所に八尺四方の岩窟あり」と伝えている。『増補忍名所図会』にも、第一主体部は大きく描かれているが、

第二主体部は樹木に覆われ、その予感さえ感じさせない。

地誌に小見真観寺古墳を取り上げた書き手たちは、いずれもここに足を運び、実際に石室を目にしたのだろう。彼らは塚に空いたこの「岩窟」に、どんな物語を読み取っただろうか。

第一主体部は、巨大な緑泥片岩を用いた横穴式石室だ。現在は入れないが、中の様子を見ることはできる。えぐり抜きで造られた玄門が、まるで近未来的な自動ドアを連想させる。

第二主体部は、緑泥片岩の板石を組み合わせた箱式石棺だ。この石室からいくつかの遺物が発見されている。金環、銅鋺《どうわん》、頭椎大刀《かぶつちのたち》、衝角付冑《しょうかくつきかぶと》などである。

この石室と遺物を実際に目にした郷土史家・清水雪翁は次のように記す。「明治十三年の春其東面に一棺を発見せり　内より骨瓶、鎧、冑、箭鏃、金環、金装刀等を出し　今現に東京帝國博物館に在り」（『北武八志』）。

これらの遺物から、小見真観寺の築造時期は六世紀末から七世紀初頭と推定された。さきたま古墳群内では、将軍山古墳と同時期にあたる。

このほかに、若王子古墳（行田市）、真名板高山古墳（行田市）、天王山塚古墳（久喜市）が同時期に築造され、大きさもほとんど変わらないことが注目されている。別の言い方をすれば、さきたま古墳群以外の場所で、同時期に同規模の大型前方後円墳が築造されたことが関心を集めているのだ。果たしてどのような関連性や政治的・時代的背景があったのか？　その視点でほかの古墳を巡ると、何か新しく見えてくるものがあるかもしれない。

古墳巡りと言えば、小見真観寺古墳の周囲にも数基の古墳がある。歩いて巡ることが可能だ。現在確認されているのは三基。虚空蔵山古墳と籠山古墳、天神山古墳である。かつてはもっと多くの古墳が存在していても、時代の流れとともに消滅していったのだろう。

籠山古墳はすでに現存していない。天神山古墳も破壊が著しく、一部のみしか残っていない。虚空蔵山古墳は比較的良好に残っているかと思いきや、県道や市道によって破壊され、現在は前方部のみが円墳のようにたたずんでいる。墳頂は虚空蔵のお堂があり、県道を見下ろしている。お堂を詣でるための石段も設けられ、もし案内板がなければそれを古墳と認識することはないかもしれない。

ちなみに、小見真観寺古墳と虚空蔵山古墳の間を伸びている県道は、かつての日光脇往還である。日光へ続く古道で、日光東照宮の火の番を務める八王子千人同心はこの道を使った。また、将軍の日光社参のおり、御三家などはあえて日光道中を避けて日光脇往還を通っていた。新郷宿（羽生市上新郷）では、水戸藩主徳川斉昭《とくがわなりあき》が本陣に立ち寄って休憩した際に詠んだ和歌が現存している。ときに天保十四年（一八四三）のことだ。

斉昭は行田を通った際、小見真観寺古墳と虚空蔵山古墳を目にしたかもしれない。もし真観寺に立ち寄り、古墳の石室を見たならば、それをモチーフにした歌を詠むこともあっただろうか。

小見真観寺古墳は国道からも近い。武蔵用水路に架かる橋を越えるとき、注意深く視線を向けると、古墳を覆う樹木を目にすることができる。

ちなみに、同級生の映画作品を観た日から、再び小見真観寺古墳に足を踏み入れたのは、それからおよそ八年後のことだった。石段を登り、樹木をかき分けるようにして墳頂に立つ。八年前がつい最近のようでいて、随分と遠い。

同級生はいまでも映画を撮り続けている。ぼくも古墳や館城跡を追いかけている。ときの流れに抗いようもない。かつての郷土史家たちがここに立ったように、いまを生きるぼくらが同じ場所で古墳を眺めている。そして、遠い未来でも、同じように古墳にたたずむ後進の者がいるに違いない。

それぞれの時代を生き、ときを隔てても古墳を通してつながっている。そこで同じ夢を見るだろうか。それとも古墳にどんな物語を紡ぐだろう。

変わらずそこにある小見真観寺古墳。ぼくらは命をつなぎながら、まるで大河ドラマのように物語を紡いでいく。その場所は、物語を映し出す映画館のようかもしれない。

小見真観寺古墳の第一主体部（行田市）

小見真観寺古墳の第二主体部（行田市）

「新郷のデイダラボッチ伝説は何を意味する？　―新郷古墳群―」

新郷古墳群（埼玉県羽生市）に大きな特徴を見付けるのは難しい。現存する古墳はいずれも墳頂に神社の社殿が建ち、宗教施設としての色が強い。

巨大な古墳が悠々と横たわっているわけでもない。小型の円墳が水田の中にポツリポツリたたずんでいる。地域の人たちから見れば、「古墳」ではなく、神さまがおわす場所ではないだろうか。

水田の中にポツンとたたずむ古墳。それは、前浅間塚古墳と呼ばれている。墳頂には浅間神社が鎮座しているが、ご神木がこんもりと生い茂り、その姿を隠している。

前浅間塚古墳のすぐ北側にも円墳がある。こちらも浅間神社が祀られていて、「後浅間」と呼ばれている。ちなみに、両円墳の間に市境が通り、前浅間は羽生市、後浅間は行田市だ。目と鼻ほどの距離なのに市が違う。境界にたたずむ古墳と言える。

前浅間塚古墳は、径二十メートル、高さ三メートルの円墳だ。主体部や遺物は全くの不明で、何かが地中から姿を現したという伝承もないようだ。すでに失われてしまったのか、それともまだ眠りから覚めていないのか、謎に包まれている。

かつて、この前浅間塚古墳から西に約一五〇メートルの場所に、横塚古墳があったという。しかし、昭和三十三年（一九五八）の耕地整理のときに切り崩されて消滅。ただ、円筒ハニワや形象ハニワがそのとき発見されたという。

上新郷には「百塚」という小字がある。その地名から察するに、かつては多くの塚(古墳)があったのだろう。横塚古墳のように切り崩されて消滅したものもあれば、利根川の氾濫によって地中に眠っているものもあるかもしれない。

水田が真っ平らに広がっているが、かつては「百」の「塚」がボコボコとあり、凸凹した光景だったのだろう。ちなみに、『羽生市史』によると、前浅間塚古墳は祟りを恐れて切り崩さなかったという。宗教施設を持つ古墳は強い。全てではないが、開発の波を押し返す力を持っている。

前浅間神社から北東に位置するのが愛宕塚古墳だ。墳頂には上新郷の鎮守愛宕神社が鎮座している。村の鎮守ということもあって、古墳は往古の姿を留めていない。径約十五メートル、高さ二・五メートルの円墳と推定されている。

この古墳も、主体部及び遺物については不明だ。ただ、古墳から刀や鎧などが出土したという話が伝わっている。いつ築造されたかもわからない。刀や鎧が出土したという伝承から、被葬者は武人だったのだろうか。

ところで、上新郷にはデイダラボッチ伝説がある。デイダラボッチとは巨人を指す。いつの時代かはわからない。『羽生昔がたり』によると、あるとき巨大な天狗が群馬にやってきたという。

群馬と埼玉の間を流れるのは板東太郎の異名を持つ利根川だ。天狗はひょいと片足をあげ、利根川を跨いだ。そのとき足がついたのが、上新郷の五十ヶ谷戸《いがやど》という場所だった。

天狗は残りの片足を持ち上げて利根川を跨ぐ。無事に埼玉入りを果たしたわけだが、一本歯の下駄に泥がついたらしい。天狗はこの泥をつまんで西の方角にはじいた。それが落ちて土山になったのが、さきたま古墳群内にある浅間塚古墳だという。五十ヶ谷戸に残った天狗の大きな足跡は池になったという話だ。

伝説なので、史実か否かを論じるのはナンセンスというものである。ただ、なぜこのような話が発生したのだろうか。答えはないが、ちょっとだけ想像をたくましくしてみる。デイダラボッチは群馬からやってきたという。上新郷は利根川に面するいわば境界の土地。どの勢力圏内だったかというと、大和政権だろう。

この大和政権と対抗しうる勢力が群馬にあった。利根川はかつて会《あい》の川《かわ》筋だったが、上新郷は両勢力の衝突する前線に位置していた可能性は皆無ではない。

だとすると、デイダラボッチ（天狗）とは、群馬（上毛野）からやってきた人々を例えた隠喩と考えられる。川を渡ってきたということ。それは合戦を意味し、人々は武器を手にし、激しく衝突した。

この戦いこそ、『日本書紀』に見える「武蔵国造の乱」だったのかもしれない。小杵《おぎ》から援助を求められた上毛野君小熊《かみつけのきみおぐま》と、笠原直使主《かさはらのあたいのおみ》側の勢力がぶつかり合ったのである。

デイダラボッチは下駄についた泥を指ではね、それが落ちたところが浅間塚になったという。なぜ、さきたま古墳群内に位置する浅間塚なのだろう。

浅間塚古墳の墳頂には前玉《さきたま》神社が鎮座している。『延喜式』神名帳に登載された式内社で、古くから信仰を寄せられていた。創建の年代は不明だ。ただ、祭祀集団はさきたま古墳群を築いた権力者とも考えられている。

そこで浮上してくるのは武蔵国造笠原直使主だ。この者は、先の武蔵国造の乱で小杵と小熊を撃退し、見事勝利している。前玉神社はその一族が祀ったことに端を発しているのかもしれない。

このことを踏まえて改めて伝説を見てみる。伝説では天狗がはじいた泥で塚ができたとしている。しかし、別のシナリオとして、デイダラボッチ（上毛野君小熊）の進攻を阻んだ笠原直使主が、戦勝記念として前玉神社を祀ったとしたらどうだろうか。すなわち、使主一族の守り神として祀ったのだ。

デイダラボッチを上毛野君小熊だとするならば、はじいた泥の行く先がどこでもよかったわけではない。笠原直使主のゆかりのあるさきたま古墳群でなければならなかった。

新郷に伝わる伝説は、この武蔵国造の乱を指すものなのかもしれない。新郷の付近で戦いがあった。それがいつしかデイダラボッチ伝説に変わり、いまに伝わっているというわけだ。だとすれば、古墳に眠る被葬者も武器を手にして戦ったという可能性も出てこよう。

以上は想像である。伝説を元に少々想像を膨らませただけだから、下手な物語くらいに思ってほしい。ぼくは新郷に残る古墳とデイダラボッチ伝説を合わせてみたが、あなたはどんな物語を紡ぐだろうか。

さて、新郷宿には日光脇往還が通っている。大名や旗本たちが立ち寄る本陣と脇本陣があり、往来は多くの人たちで賑わっていた。

利根川の手前に建つのは川俣関所だ。『増補忍名所図会』に描かれた川俣関所を見ると、利根川を背景に土手上に建っている。番士たちが通行を取り締まる場所だった。

また、街道沿いには時の領主が植えさせたという松が一五〇本並んでいた。勘兵衛という者が植えたので「勘兵衛松」と呼ばれている。松並木は現存しているが、当時の松は一本だけとなっている。

そんな新郷宿に、水戸藩主徳川斉昭《とくがわなりあき》が立ち寄ったことがある。本陣で休憩した際、地袋に描かれた利根川と富士山の絵を見て一句詠む。その歌はいまも本陣に残っている。

徳川斉昭一行は日光脇往還を通り、日光へ向かった。そのとき、愛宕神社の建つ古墳も目にしたかもしれない。あるいは、当時残っていたほかの古墳群も、斉昭の目には映っただろうか。

古墳と江戸時代では時代が異なる。新郷宿が取り上げられても、古墳にはあまり目がいかない。しかし、それぞれの時代の風景の中にあって、さりげなく歴史を彩っている。

「雪化粧した古墳で何を想う？ ――さきたま古墳群――」

雪降る日のさきたま古墳群は普段とは別の顔を見せる。全国的にも有名な古墳群だ。いつもは多くの人出で賑わっている。しかし、雪の日はさすがに人影が少ない。皆無ではないが、普段の賑わいは雪に包まれて消えている。辺り一面雪景色だ。豪雪地帯ではない北埼玉において、冬のほんの一時期にしか見られない景色と言える。

この古墳群は公園として整備されている。所々にベンチが設けられ、各古墳が見られるようコースも設定されている。考古ファンのみならず、人々の憩いの場だ。博物館も建っているから、遠足としてもしばしば利用されている。

雪化粧した古墳群は、それぞれどんな表情をしているか？あまりに有名な古墳群だから、そんな表情も見たくなる。

古墳群を眺望するには丸墓山《まるはかやま》古墳に登るのがちょうどいい。墳丘の径は一〇五メートル、高さ一八・二メートルもある大型円墳だ。日本最大の円墳というだけあって、その存在感は圧倒的である。嫌でも目に留まる。

丸墓山古墳は南北に階段が設けられている。健脚ならば、いつでも気軽に登ることが可能だ。ただし、階段の傾斜はなだらかではない。雪の積もった古墳の階段を登るときはご用心。滑って転げ落ちて自分のお墓を作ってはシャレにならない。

ところで、歴史ブーム・戦国時代ブームとあって、この丸墓山古墳に登る人は急増しているという。特に、若い女性の姿が目立つようになったらしい。

天正十八年（一五九〇）、かの石田三成が忍城を攻めた際、丸墓山古墳に登って城を眺めたことはよく知られている。そして、城を取り巻く地形等を勘案し、水攻めを決行。堤を築き、荒川と利根川の水を引き入れたという。世に言う忍城水攻めで、現在でも「石田堤」と呼ばれる堤が残っている。結局城は落ちず、最後の最後まで戦い抜いてその歴史をいまに伝えているが、石田三成にとっては苦い攻城戦だっただろう。

そんな三成と同じ視点に立って、忍城を眺める若い女性が増えているという。石田三成の人気は高い。だから丸墓山古墳そのものというより、三成に心惹かれて訪れるのだ。

墳頂は平たく削られている。これは、三成が陣所を築いたためと言われる。現在は桜の木が立ち、春になれば満開に咲く花に彩られる。

雪の日に丸墓山古墳から眺める景色は、真っ白な世界だ。忍城を中心とする行田市街も、反対側で見下ろせる稲荷山古墳も、その向こうに広がる田んぼもみんな雪化粧している。よく晴れた日は群馬県の山々が見える。が、雪の日はその姿は望めず、空は暗く重たい雲に覆われている。

丸墓山古墳の墳頂からの眺めが、人々の心を捉えることは古くから知られていた。『新編武蔵風土記稿』は「いと勝景の地なり」と記し、そのことを『北武八志』の中に紹介した清水雪翁は実際に墳頂に立ち、その景色を眺めながら戦国時代へと想いを馳せたのに違いない。

ちなみに、かつてこの古墳は西行寺というお寺の境内だった。湯本家文書の中に「国王山地蔵尊西行寺丸墓山之図」という絵図がある（湯本家文書№5597・埼玉県立文書館寄託）。それを見ると古墳の麓に本堂が建ち、墳頂には十王堂があった。古墳は樹木に覆われ、物々しい雰囲気でさえある。

実は、この西行寺には聖徳太子伝説が伝わっていた。『増補忍名所図会』によると、調子麿《ちょうしまろ》が聖徳太子の遺骨を持ってこの地にやってくると、ズシリと動かなくなったという。太子はここで眠ることを望んでおられるのだろう。調子麿は丸墓山に遺骨を納めると、お堂を建てて地蔵を安置した。

さらに同書は言う。聖徳太子の子の山背大兄王《やましろのおおえのおう》の遺骨も、同じく調子麿が丸墓山に納めて奉った、と。丸墓山を別称「麿墓」と呼ぶのは、調子麿が二人の貴人の遺骨を埋め、一宇を建立したからだと伝わる。

西行寺は天台宗のお寺で、国王山地蔵院と号した。本尊は延命地蔵。この伝説が本当だとするならば、丸墓山古墳には聖徳太子と山背大兄王の遺骨が眠っていることになる。

さきたま古墳群からほど近い場所にある若小玉古墳群には、聖徳太子に仕えた物部連兄麻呂《もののべのむらじえまろ》が葬られたとする説の八幡山古墳が横たわっている。伝説の発生は太子信仰の普及と絡んでいる可能性があるが、それを受け入れる側には、古墳と聖徳太子を結びつけるものがすでに背景としてあったのかもしれない。

丸墓山古墳は日本最大の円墳だが、その埋葬施設は見付かっていない。主体部は塚の中でその眠りから覚めていないことになる。

果たして何が眠っているのか？　墳頂に登って足元に目を下ろしたとき、眠れる考古ロマンの脈動を感じられるだろうか。

丸墓山古墳の墳頂から東へ目を向けると、稲荷山古墳を見下ろす景観が広がっている。その雄姿に息を呑む人も多いと思う。

現在の稲荷山古墳は前方部が復元されている。昭和十年代前半に採土工事によって前方部が破壊されたのだが、平成九年（一九九七）からの復原築造事業によって前方後円墳が再び姿を現した。

石田三成が丸墓山に陣所を構えたときは、稲荷山古墳はそのままの姿で横たわっていた。丸墓山や稲荷山の南には、天王山古墳や梅塚古墳など、いくつもの円墳が残っていて、豊臣秀吉の天下統一を目前に控え、忍城攻撃をする三成の目に、稲荷山古墳は古墳群の一つにしか見えなかっただろうか。それとも、約四百年後にそこから「世紀の大発見」があり、「天下」に衝撃をもたらすことになる予感を覚えたかどうかは知る由もない。

稲荷山古墳にも階段が設けられていて、墳頂へ登ることができる。西を向けば、丸墓山古墳が目に飛び込んでくる。視界を遮り、忍城は望めない。

逆に東を向けば、平野に広がる田園風景を見渡せる。少し離れたところに建っている塔は古代蓮の里の展望タワーだ。

かつてこの墳頂から東を望んだとき、現在の田畑にたたずむいくつかの古墳が見えたはずだ。それらの古墳群を若王子古墳群という。現在は跡形もないが、かつては前方後円墳や円墳が存在していた。沼の干拓や開墾などにより、若王子古墳群は姿を消し、いまに至っている。

時代とともに景色は変わる。そもそもさきたま古墳群は公園ではなく、大型古墳の周囲はいずれも田畑に囲まれていた。公園化し、整備される以前の古写真を見ると、いまとは全く別の雰囲気を漂わせていたことがわかる。

雪降る日に稲荷山古墳に登っても、いずれも白い世界が広がっている。寂しい景色だ。生き物の気配を感じない。みんな眠りについている。

そもそも古墳は古代の墓。聖域であり、本来足を踏み入れるどころか、古墳に登ることなどご法度だったはずだ。雪降る誰もいない古墳群に一人たたずんでいると、自分だけ時代に取り残されている気がしてくる。

稲荷山古墳の後円部の墳頂には、二つの主体部が復原されている。第一主体部の礫槨、第二主体部の粘土槨だ。

「世紀の大発見」と言われた金錯銘鉄剣（以下「辛亥銘鉄剣」）が出土したのは礫槨の方である。長さ七十三・五センチの鉄剣がこの礫槨に横たわっていた。

鉄剣と銘の発見はそれぞれ異なる。鉄剣は昭和四十三年（一九六八）、銘は昭和五十三（一九七八）に発見された。

出土したばかりの鉄剣は全体が錆び付いていて、文字は全く見えない状態だった。出土後も錆が進行したため、その保存処理を財団法人元興寺文化財研究所に委託する。すると、女性職員がキラリと光る箇所を発見。X線にかけてみると、鉄剣に施された一一五の文字が浮かび上がったのだから、関係者たちは驚いたなんて騒ぎではなかっただろう。ぶっとんだに違いない。

かくして、銘の発見のニュースは全国を駆け巡る。それは、百年に一度の発見と言われた。各メディアはこぞってこれを取り上げ、稲荷山古墳とさきたま古墳群は瞬く間にその名が全国に知れ渡った。

ぼくは、稲荷山古墳出土の鉄剣から銘が発見された当時の熱を知らない。昭和五十四年（一九七九）生まれのぼくは、その頃まだ母親のお腹の中にいて、両親が稲荷山古墳へ足を運んだという話も聞いたことがない。お腹越しにその熱を感じ取ることもなかっただろう。鉄剣の銘が発見されたのは昭和五十三年（一九七八）九月十一日。ぼくが生まれたのは翌年の一月だから、学年は一緒ということになる。いわば辛亥銘鉄剣は「同級生」と言える。

この同級生はすごい。千年以上もの眠りから覚めて一躍有名になり、歴史の教科書にも載っているくらいだ。スーパー同級生である。ぼくらはいずれこの世から去っていくが、辛亥銘鉄剣はこの先もずっと生き続けるのだろう。世代を越えて多くの人々に親しまれ、感動を与え、あるいは研究資料として多角的な視点で雄弁に歴史を語っていくに違いない。

稲荷山古墳から南東に位置するのは将軍山《しょうぐんやま》古墳だ。春になると、この古墳は一面の菜の花で彩られる。

何と言っても特徴的なのは、古墳の内部が展示室になっていることだ。復原された石室の内部を見ることができる。さきたま史跡の博物館の展示室と併せて見ておきたい。

将軍山古墳から南を望んだとき、悠々と横たわるのは二子山古墳だ。主軸の長さが一三五メートルにも及ぶ大型前方後円墳で、丸墓山古墳と同様、その威容さに圧倒される。

墳頂に登ることはできないが、その周囲を歩くことはできる。古墳の周りを堀が巡っていて、羽を休める水鳥や、水面から飛び跳ねる魚を歩きながら見ることができた。この堀は復原されたものだ。古墳時代から存在したものではない。

発掘調査により、かつて二子山古墳は二重の周溝が張り巡らされていたことが判明。往時もまた、水鳥たちで賑わっていたのだろう。しかし、時代とともに堀は埋まっていく。

そこで、内堀を復原したわけだが、再び埋め戻されることとなった。雪降る日に足を運んだときは、埋め立て工事の真っ最中。さすがに雪の日に工事はやっておらず、水が消えた堀の中に二台のパワーシャベルがポツンとあった。動かないまま雪をかぶっていた。

古墳群を分断するように通る県道行田蓮田線を渡った南側にも多くの古墳がある。瓦塚古墳、鉄砲山古墳、奥の山古墳、中の山古墳、埼玉浅間塚古墳だ。丸墓山古墳や稲荷山古墳など、何かと道路の北側に目がいきがちかもしれないが、南側の古墳群もバラエティに富んでいる。

中の山古墳は、さきたま古墳群内で最後に築造された前方後円墳であり、鉄砲山古墳では三重目と思われる堀が検出された。

埼玉浅間塚古墳は、墳頂には前玉神社、中腹に浅間社が祀られている。ここには富士行者にまつわる伝説があって、六月朔日に雪が降ったという。夏に降る雪。奇瑞である。伝説では忍城主成田氏長《なりたうじなが》が塚を築いたとするが、確認調査によって円墳であることが判明している。

公園として整備されたさきたま古墳群は広い。古墳を一基ずつじっくり歩いて巡れば半日はかかるだろう。古墳群の南側には埼玉県立さきたま史跡の博物館が建っている。辛亥銘鉄剣をはじめ、古墳群から出土した遺物が展示されている。

楽しみ方はそれぞれだ。特に古墳に興味がなくても、公園で憩う人は多い。世の中には、このさきたま古墳群内でプロポーズした人もいるのではないだろうか。

「楽しみ方」とは逸れるが、夜の古墳群は昼間とは別の表情である。昼の穏やかさは消え、空気に緊張感が混じる。まるで古墳群に結界が張られ、蘇った古代の番兵が人の侵入を阻んでいるかのように思える。

夏はまだいい。散歩する人や若者など、古墳群には人の気配がする。

寂しいのは冬の夜だ。人のぬくもりは感じられず、赤城颪《あかぎおろし》が吹き抜け、古墳群は冷気に包まれる。むろん、こうした雰囲気が好きな人もいるだろうが、少なくともぼくは孤独感に陥る。テンションは上がらない。特に将来の見えない日々の中では、自分の未来を垣間見るようで落ち込んだのを覚えている。

そんな冬の夜のさきたま古墳群内で、カップラーメンを食べたことがある。羽生から自転車で行田市立図書館へ行った帰りだった。急な空腹感に襲われ、古墳群に立ち寄ったのだ。

いま思えば、どこかお店に入れば寒さは凌げたし、明るい部屋で食事ができたのだ。お腹が空いたから古墳群に立ち寄るというぼくの選択肢もどうかしている。

さきたま古墳群近くのコンビニに入り、カップラーメンを買った。店内でお湯を入れると、そのまま片手運転で古墳群へ向かう。コンビニからさほどの距離ではなく、到着したときには麺はいい具合に柔らかくなっていた。

丸墓山古墳の南にあるベンチに腰掛けて割り箸をわる。鼻をくすぐるのはラーメンの香り。季節は真冬である。古墳群の空気は冷え切っていて、かじかんだ手にカップラーメンのぬくもりが優しかった。

夜闇と冷気に包まれたさきたま古墳群内で、一人カップラーメンをすすった。もはや、おいしいとかまずいというレベルではない。冬の夜に古墳群で食べた者でしかわからない味だろう。

暗い古墳群にラーメンをすする音が響いていたと思う。はたから見ればホラーかもしれない。まさか古代の霊が現れて、カップラーメンをすすっているとは思わないだろうが、もののけの類くらいには見えただろうか。

楽しみ方がそれぞれならば、思い出の残し方もそれぞれだ。さきたま古墳群には、現代人の多くの記憶が眠っているに違いない。歴史的視点を持って足を運んでもよし、レジャーとして訪れてもよし。五月には火祭りが催され、古代人に扮した人たちがたいまつを持って集う。そして、フィナーレには古墳群の上に花火が打ち上がる。この祭りを楽しみにしている人も少なくない。

さきたま古墳群は、辛亥銘鉄剣の出土と発見により、全国的に名の知られた古墳群だ。もし、稲荷山古墳の前方部が破壊されず、その形を留めていたならば、発掘調査のメスは入らなかったかもしれない。出土した鉄剣の錆止めを行わず、あるいは財団法人元興寺文化財研究所の女性職員が、錆の中の光るものに気付かなければ、一一五文字の銘が発見されることもなかっただろう。いくつもの偶然が重なり、今日のさきたま古墳群がある。

辛亥銘鉄剣の出土と発見。それまで「世紀の大発見」として騒がれようなどと誰が想像していただろうか。

それは、六月朔日に富士行者が雪を降らせた伝説のように、現代に起こった奇瑞だったのかもしれない。

丸墓山古墳（行田市）

二子山古墳（行田市）

丸墓山古墳から稲荷山古墳を望む（行田市）

Ⅱ 城編

「上杉方と成田氏の激しい攻防戦があった城は？　―皿尾城―」

皿尾城《さらお》（埼玉県行田市）は忍城《おし》から近い。自転車で楽に往復できる。むろん、徒歩での行き来も可能だ。

皿尾城は忍城の出城だろう。『成田記』では上杉謙信が築いたとしているが、それ以前にも小規模な軍事施設があったと思われる。

出城ゆえ、天守閣もなければ石垣もない。現在、その跡地に足を運んでも、忍城の三階櫓のようなものが建っているわけではない。湿地や深田といった自然要害に守られた城だった。

跡地には「皿尾城跡」と刻した石碑が建っている。とはいえ、わかりにくい。注意深く見なければ通り過ぎてしまう。

目印は大雷神社だ。この神社のそばに皿尾城跡碑が建っている。皿尾城址を訪れるときは、神社と石碑を目指すことになる。

ちなみに、城の縄張りは不明である。どこからどこまでを城域とすべきか？　一つの参考として、郷土史家の冨田勝治氏が作成した「皿尾城址図」がある。その図によれば、堀跡に比定されるものがいくつか残っている。

なるほど、大雷神社の裏にある土の高まりは土塁に見えなくもない。城跡の周辺は田んぼが広がっているが、かつては城の守りを固めていた深田だったのだろう。

マニアックな城ではあるが、「城」の視点で歩いたとき、色々なものが意味深に見えてくる。絢爛豪華《けんらんごうか》な城よりも、軍事施設として機能した中世の砦のような城が好きだという人向きだと思う。

さて、そんな皿尾城だが、戦国時代の終わりに忍城主成田氏と上杉方の武将が、城を巡って戦った歴史を持っている。「上杉家文書」の中に、河田谷忠朝《かわたやただとも》という者が上杉謙信の家臣に宛てた書状がある。その中に次のような文言がある。

於当口両度得勝利候之上、弥以成田押詰可申候、此等之旨、可預御披露候

（当口において両度勝利を得候の上、いよいよもって成田を押し詰め申すべく候。これらの旨、御披露に預かるべく候）

六月二日付の書状で、年号は欠けているが永禄五年（一五六二）頃と比定されている。

上杉謙信が関東に出陣したのは永禄三年（一五六〇）のことだ。十一万五千余騎の大軍をもって後北条氏の小田原城（神奈川県小田原市）を攻めたのは翌四年のこと。上杉謙信と後北条氏が、関東を舞台に激しく火花を散らし始めたばかりの頃だった。別の言い方をすれば、関東の国衆たちがその戦いに否応なく巻き込まれ始めたときだった。

そんな頃、この書状を出した河田谷忠朝とは一体誰なのか？

一般的に知られていないが、羽生城主広田直繁《ひろたなおしげ》の弟にあたる。のちに木戸姓に改め、兄のあとを継いで羽生城主となる人物だ。そして、最後まで後北条氏や忍城主成田氏に抗った人物として歴史に刻まれている。

永禄五年当時、河田谷忠朝は皿尾城に入城していた。先の書状の中に見える「当口」とは皿尾城に比定される。すなわち、この書状は、皿尾城において二度の合戦に勝利し、いよいよ成田氏を追い詰めていくので、この旨を上杉輝虎公（上杉謙信）に伝えてほしい、という内容になる。

いささか誇らしげな文面だ。それもそうだろう。成田氏と言えば、北武蔵における名家。

一方、河田谷忠朝は在地的基盤の薄い新参者。軍事力は成田氏の方が上だ。実力が違う。それは忠朝自身がよくわかっていた。

しかし、忠朝が勝ってしまう。一度のみならず、二度も勝利をおさめる。あまつさえ、これから成田氏を追い詰めていくという。小さな城にすぎない皿尾城で何が起こったのかと思いたくなる。

実は、この皿尾城攻防戦を具体的に書き記した資料は意外に多い。先に、皿尾城は一般的に知られていないと述べたが、知る人ぞ知る城だ。

例えば、『成田記』や「成田氏系図」、『鎌倉九代後記』や『北越太平記』などに皿尾城攻防戦の記述が見える。また、『関八州古戦録』や『北越軍談』に見える羽生城攻防戦の一部は、皿尾城の戦いに置き換えられる。情報が錯綜し、羽生城と皿尾城が混合されて書き記されたことがうかがえる。

その資料のほとんどが、軍記物や成田氏の事績を書き記したものだ。ゆえに内容がそれぞれ微妙に、ときには大きく異なって書かれている。

資料の多くは成田氏と木戸氏の戦いについて述べている。ところが、『北越太平記』では上杉謙信が皿尾城に攻め寄せ、「大鉄砲」を撃ち込んだ、なんてことが書かれているのだ。だから、「物語」と捉えることはあっても、「史実」とするには要注意。

さて、各資料が伝える皿尾城攻防戦とは一体どのようなものだったのだろう。『成田記』を繙いてみると、以下の通りとなる。

上杉謙信は騎西城を攻めたあと、忍城に軍勢を差し向ける。そして、皿尾の地に砦を築き、「木戸伊豆入道玄斎」や「同性（姓）監物」らを守将として置いた。

謙信が武蔵国から引き上げたとき、忍城主成田長泰《なりたながやす》は早速反撃の動きに出る。「すみやかに踏みつぶせ」と下知する。

かくして、長泰自身も武器を持って出撃。大軍を率いて皿尾城に攻め寄せた。

皿尾城の守りは堅い。自然要害が進攻を阻む。しかし、多勢に無勢。城方は必死になって奮戦するも、忍城の攻撃に押されて苦しくなってくる。そして、ついに塀や柵が引き倒されればかりとなる。落城が目前まで迫っていることは誰の目にも明らかだった。

そのとき、辺りに鳴り響いたのは鯨波《とき》の声。突如、別の軍勢が現れる。その軍勢は忍勢目がけて突っ込んでいく。

それは岩付勢だった。皿尾城の危機を知るや否や、四百余騎の岩付勢が援軍に駆け付けたのだ。

岩付城（埼玉県さいたま市）は上杉方の城だ。城主太田資正《おおたすけまさ》は謙信からの信任も厚く、武にも知にも優れている。そんな岩付勢が突然現れたのだから、忍勢は浮き足立ってしまう。

逆に、皿尾勢が士気を上げたのは言うまでもない。城門が二ケ所開く。中から城兵が飛び出し、忍勢に突っ込んでいった。

忍勢は混乱状態に陥る。落城寸前まで追い込んでいたのに、まさかの形勢逆転だった。

成田長泰は退却を下知。自らも西に向かって逃げた。落ち延びたその距離はおよそ二里。その日は城に戻ることもできず、荒川に陣を構えて夜を過ごした。そして、翌日にようやく城に入ることができたのだった。

以上が『成田記』に記された皿尾城攻防戦だ。細部は異なるが、ほかの資料もこれと似た内容を載せている。すなわち、上杉謙信が皿尾城を取り立て、木戸氏（河田谷）を配置したこと。皿尾城から木戸氏を追い払おうと、成田長泰が自ら出撃すること。そして、落城寸前まで追い込むにもかかわらず、岩付勢の援軍によって敗走を余儀なくされるという内容である。

誇張の可能性はあるが、皿尾城をめぐる戦いはおおよそこのような内容だったと見ていい。河田谷忠朝が忍勢に勝利できたのは、岩付勢の援軍があったからだ。

成田長泰にとっては地団駄を踏む思いだった。また同時に、広田・木戸氏との間に決定的な亀裂が入った瞬間でもあった。

いわば、河田谷忠朝は上杉謙信が打ち込んだ楔《くさび》も同然の存在だ。不穏な気配を見せる成田氏を警戒し、それを監視するために皿尾城に忠朝を送り込んだのだ。

成田長泰は忠節心が薄かったわけではない。時勢を読み、一族の生き残りに心を砕いていた。

謙信からの離反には、複雑な政治的問題が絡んでいた。

その後、成田氏は謙信に従属する。しかし、皿尾城が返還されたわけではない。忠朝は皿尾城に居続け、成田氏に圧力をかけている。

皿尾城の返還が叶うのは、永禄十二年（一五六九）に成立した越相《えっそう》同盟以降だ。羽生城主広田直繁はその忠節が認められ、館林城（群馬県館林市）を拝領する。そして、弟の忠朝が羽生城主となり、皿尾在城時代が終わりを告げる。

越相同盟とは、上杉氏と後北条氏が手を組んだ和睦だ。両氏のどちらに付くかという国衆の悩みは、表面上は解消したことになる。そのため、成田氏に圧力をかける必要はなくなり、謙信の政治的意図をもって皿尾城から忠朝を退出させた。尤も、この同盟は長く続かず、成田氏と忠朝は再び対立することになるのだが……。

皿尾城を舞台に両者が干戈を交えることは二度となかった。皿尾城は忍城の出城として機能していたと思われるが、戦場として歴史に登場することはない。

天正十八年（一五九〇）の石田三成らの忍城攻めのときも、領民たちが皿尾城に籠もることはなかった。籠もっていたのは忍城だ。水攻めを受けたとき、古き時代の記憶も一緒に沈んだのかもしれない。

先述の通り、皿尾城址は目立たずわかりにくい。ここで成田長泰と河田谷忠朝が合戦を繰り広げたことなどにわかに信じがたい。

しかし、各軍記物は皿尾城で合戦があったことを伝えており、河田谷忠朝の戦勝報告の文書も実在している。合戦における両勢の具体的な被害は不明だが、命を落とした者はいただろうし、負傷した者も少なくなかったかもしれない。

意外なところに歴史は眠っている。その時代に生きた人々の足跡が確固として残っている。そんな歴史の息吹に触れたとき、先人たちの命の鼓動を感じるだろう。それに惹かれたならば、郷土史の面白さと奥深さに抜け出せなくなっているはずだ。

皿尾城址（行田市）

「上杉謙信の猛攻を受けた城は？ ——騎西城——」

騎西《きさい》城址（埼玉県加須市）に足を運ぶと天守閣めいたものが建っている。歴史に興味がなくても、かつてここに城があったことは察せられる。すなわち、騎西城の存在だ。

建物内には城跡から出土した遺物などが展示されている。障子堀《しょうじぼり》（畝や障壁のある堀）から出土した十六間筋兜《じゅうろくけんすじかぶと》も見ることができる。とはいえ、普段一般公開されているわけではなく、見学には事前連絡が必要だ。あとはイベントなどで公開されるときがあるから、そこを狙って行ってもいい。

ちなみに、ぼくは騎西城があることを長い間知らなかった。学校の教科書に載っているわけでもなく、遠足で行くわけでもない。車の窓から城跡に建つ天守閣を目にしたとき、「なんだあれ」と思ったくらいだ。

それほど騎西城に対して認識がなかったし、接点もなかった。

ただ、騎西に住む叔母が妙なことを口にした。

――越後の者とだけは結婚してはならない。

叔母の家では昔からそう言われているらしい。なぜ結婚してはならないのか？

「上杉謙信」の名前が叔母の口から出た。上杉勢の猛攻を受けたからだという。

ピンとこなかった。上杉謙信と言えば、ゲームや学習漫画にも登場する有名武将だ。なぜそんな謙信が騎西を攻めたのだろう。

しかし、そこから先は踏み込まなかった。ぼくから質問することはなかったし、叔母もそれ以上話を膨らませなかった。騎西城すら知らなかった身として、上杉謙信と騎西城の組み合わせは冗談のように聞こえたのだ。

叔母の話は冗談ではなかった。それも二度も謙信に攻められている。そう知ったのはもっとあとのことだ。

なるほど。確かに「越後の者とだけは結婚してはならない」と言われてもおかしくはない。

その昔、越後から来た行商人は、騎西で商売をしても玉敷《たましき》神社の参拝は遠慮したという。

なぜか？　それはかつて上杉勢が来攻したことに関連している。歴史の爪跡は、後世にも影響を及ぼしていた。

先に述べた通り、城跡には天守閣が建っている。しかし、それ以外に「城」を偲ばせるものを探すのは難しい。天守閣の周囲には住宅が建ち並び、道路には車が行き交っている。

天守閣の傍らに建つ公共施設は「キャッスルきさい」。ここは学習センターで、一階は図書館が入っている。利用客は多くても、観光客で溢れ返っているというわけではない。

騎西城の遺構は一つだけある。それは土塁《どるい》だ。「キャッスルきさい」の東側にかろうじて残っている。かつて存在した「天神曲輪」の土塁の一部で、頂部には「私市城跡」と刻された石碑が建っている。

ただの土の高まりと言えばそれまでかもしれない。城に興味がなければ目にも留まらず、数秒で通り過ぎてしまう。

現存する土塁は一部が復元されている。住宅や工場に囲まれ、心なしか肩身が狭そうに見える。明治四十二年（一九〇九）撮影の写真には、長く連なる土塁が写っているのだが、時代の流れとともに消滅してしまったらしい。

さて、そんな騎西城を舞台にして、上杉謙信の率いる軍勢と激しい攻防戦が繰り広げられた。この攻防戦は教科書には取り上げられていないものの、軍記物などで見ることができる。

果たして、戦国時代の終わりに騎西城でどのような戦いがあったのか？　叔母の家ではなぜ「越後の者とだけは結婚してはならない」と語り継がれるようになったのか？

騎西城史を繙いてみると、この城もまた戦渦に巻き込まれながら必死に生きようとした人々の足跡を見ることができる。

そもそも騎西城はいつから存在したのだろうか。結論から言うと、築城年代ははっきりしていない。太田道灌《おおたどうかん》が築城したと伝える資料もあるが、いまのところ確証は得られていない。

歴史に初めて名を現すのは、康正元年（一四五五）のことだ。この年、長尾景仲らが立て籠もる騎西城を、古河公方足利成氏《あしかがしげうじ》が攻略した。足利勢は数百人の兵を討ち取り、残りの者を敗走させたという。そんな血生臭い戦場として騎西城は歴史に登場する。

騎西城は足利成氏の勢力圏に組み込まれた。当時、足利成氏と上杉方との戦い（享徳の乱）が勃発したばかりで、騎西城は古河（茨城県古河市）に拠点を置く足利勢力圏の最前線に位置づけられたことになる。

そのため、周辺ではしばしば両勢が激突した。その当時、騎西城が小規模だったとしても、戦乱の激化に応じて拡張・城郭化していったのだろう。

騎西城には、成氏の奉公衆佐々木氏が入城した。前線を守る重要な城だ。成氏の期待を背負っての入城だった。

ところが、佐々木氏は忠節を尽くしたわけではなかったらしい。そのため、いつしか佐々木氏の姿は見えなくなる。

代わりに入城したのは小田顕家《おだあきいえ》という人物だ。元は種垂城《たなだれ》（埼玉県加須市）にいたのだが、足利成氏の命を受けてか、騎西城へ移ったのだ。

この小田顕家という男、騎西城史に大きく影響する縁戚関係を結んでいる。それは、忍城主成田氏との結び付きだ。成田助三郎を娘婿に迎え入れたのだ。

顕家は助三郎に家督を譲る。そして自らは種垂に隠居した。そのまま余生を送ったらしく、天文八年（一五三九）八月十日に死去。顕家のものとされる宝篋印塔《ほうきょういんとう》が雲祥寺（埼玉県鴻巣市）に現存している。

忍城から騎西城へ婿に来た助三郎こそ、のちに上杉謙信から猛攻を受ける人物だ。名前は「朝興」とも「朝真」とも伝えられる。

ぼくは、この助三郎が家督を継いで以降、騎西城は忍城の兄弟城になったと捉えている。忍城ではのちに長泰《ながやす》が城主となる。助三郎から見ると、長泰は兄だ。

いつしか助三郎の心は成田家に傾いていったらしい。古河公方の宿老には属さず、兄長泰の補助的な存在として、忍城と運命をともにしていくことになる。

騎西城が初めて上杉謙信の進攻を受けたのは、永禄六年（一五六三）のことだった。実は、はじめから攻撃対象だったわけではない。謙信は、騎西城の存在すら知らなかったきらいがある。

ところが、上杉勢は怒濤の勢いで城に迫ってくる。なぜか？　松山城（埼玉県比企郡吉見町）が北条氏康と武田信玄によって陥落したからだ。

同盟を結んでいる氏康と信玄は、松山城に攻め寄せた。越後の謙信が、雪に阻まれ救援が困難なことを見越しての攻撃だった。武田信玄は金堀衆を呼び寄せ、松山城の水瓶を切らせることに成功。

城兵は見晴らしのいいところに馬を繋ぎ、白米を浴びせた。遠くからでは水を浴びせているように見える。水瓶を切られても、水が豊富にあることをアピールしたのだ。

また、犬の首に書状入りの竹筒をくくりつけて放つ。犬は真っ直ぐ岩付城に辿り着き、竹筒の書状で松山城の緊急を伝えた。戦国時代における軍用犬の使用例である。

松山城は関東経略において重要な城の一つだった。謙信も十分承知している。ゆえに、永禄五年（一五六二）十一月下旬に出陣。深雪をかき分け、夜を日に継いで進軍した。

そして、松山城からほど近い石戸（埼玉県北本市）に着陣したのは翌年二月のこと。上杉勢の士気は高まり、異様な熱気に包まれていた。

ところが、謙信に予期せぬ一報が入る。攻撃に耐えかねた松山城が勝手に開城したというのだ。謙信の救援の情報は、松山城内に入らなかったらしい。城を目前にしての開城である。謙信が激怒したことは言うまでもない。

このまま黙って引き上げるわけにはいかない。謙信は近隣の敵城を探した。

そこで挙がったのが騎西城だった。四方を沼に囲まれ、守りの堅い城とはいえ、引き下がれば味方の士気も下がる。それに、松山城を落とされた悔しさに、謙信の決断は早かった。

かくして上杉勢は騎西城に進軍。八つ当たりも同然だ。上杉勢の進軍を聞いた小田助三郎はさぞや慌てたことだろう。

上杉勢の攻撃が凄まじかったことは言うまでもない。松山城を落とされた鬱憤を晴らすかのような攻撃だ。『関八州古戦録』や『北越太平記』『武家事紀』など、各資料がその猛攻を伝えているが、まとめると以下の通りとなる。

謙信は高台に登って騎西城を眺める。すると、大沼の水面に女たちの姿が映った。それは、二の丸から本丸へ向かって橋を渡る姿だった。

謙信は夜襲を決断。近在の民家を壊し、材料を調達すると沼を渡るための筏を組む。また、残りのガレキや伐り取った樹木などを沼の中へ投げ込んだ。

そしてその日の夜、上杉勢は筏に乗って城を急襲する。『関八州古戦録』では二の丸を襲ったとある。合図とともに鬨《とき》をあげ、塀の板を叩いて大声を出した。また、竹に結んだ提灯を一斉に灯し、二の丸を煌々《こうこう》と照らす。

肝を潰したのは二の丸にいた女や子どもたちだ。突然の上杉勢の来襲に、二の丸は阿鼻叫喚と化す。

二の丸には本丸に続く橋が架かっていた。女や子どもたちがその橋に殺到する。這うように逃げるその様は、「目もあてられない有様」だった。もはやパニック状態だ。戦うどころではない。本丸から二の丸を見ると、提灯の明かりに照らされ「万灯会《まんどうえ》」のようだったという。

やがて二の丸から火の手があがる。城兵たちは虎口から逃げようとした。虎口は上杉の兵たちが手薄で、簡単に落ち延びられるかのように見えた。

しかし、それは上杉勢の仕掛けた罠だった。そこに伏兵を設置。虎口から出てきた城兵たちを次々に襲った。上杉勢は容赦しない。城兵を討ち取り、あるいは生け捕りにした。

圧勝だった。騎西城兵も抗戦したが、上杉勢の圧倒的な強さの前では成す術がない。『北越太平記』によると、この攻防戦で騎西城に籠もった男女三千人が撫で斬りになったという。

この戦いにおける小田助三郎の処遇については、資料によって記述が異なる。永禄六年（一五六三）に比定される四月十五日付の謙信の書状に、岩付城主の懇望によって助三郎を許したとあるから、助命されたことがわかる（「伊藤本文書」）。領地没収にもならなかった。

ただ、騎西城は上杉謙信に属することになった。兄弟城である忍城も同様だった。属さざるを得ず、後北条氏とは袂を分かった。

とはいえ、この攻防戦で「男女三千余人」が撫で斬りにされたのだとしたら、上杉氏に対する遺恨は拭えなかったに違いない。従属はしても、忠節を尽くすということからはかけ離れている。

実際、成田氏と小田氏はその後も離反と従属を繰り返している。心情的なものではなく、時勢を見定めた上での決断だ。これは成田氏や小田氏に限ったことではない。関東における謙信の勢力は年々後退していた。関東の国衆たちは上杉氏と後北条氏の狭間で、付いたり離れたりを繰り返している。

そうした中、上杉謙信が再び騎西へやってきたのは天正二年（一五七四）のことだ。このとき、謙信に従属する関東国衆はほとんど残っておらず、成田氏も小田氏も後北条氏に付いていた。

何よりも義を重んじると言われる謙信にとって、離反を繰り返す国衆たちは不忠者にしか見えなかっただろう。そんな彼らに一矢報いるがごとく、天正二年秋に関東へ出陣。各地を荒らしまくるのである。

具体的に言えば、鉢形城（埼玉県大里郡寄居町）、松山城（同県比企郡吉見町）、忍城（同県行田市）、深谷城（同県深谷市）、金山城（群馬県太田市）、館林城（同県館林市）、足利城（栃木県足利市）、唐沢山城（同県佐野市）などの城が上杉勢の進攻を受けた。まさに関東に襲来した嵐そのものだ。

騎西城も例外ではなかった。一度その猛攻を目の当たりにしているだけに、震え上がらぬ者はいなかっただろう。嫌でも永禄六年の来襲を思い出したはずだ。

ただ、この度の上杉勢の来襲は、前回とはいささか異なっていた。何がなんでも城を落とすという気構えは薄い。国衆を従属させようという構えではないのだ。そこには政治的な策略も見受けられない。敵地に進攻し、火を放ち、城を落とさないまま去っていく。

騎西城も同様だった。領民たちは城に籠もり、堅く門を閉ざした。挑発されても門の外へは一歩も出ない。敵の裏をかいて攻撃を仕掛けるということもなく、ただひたすら謙信が過ぎ去るのを籠城して耐えた。

謙信は騎西領を放火する。前回のように、夜襲を仕掛けてくることもなかった。滞在時間は短かっただろう。

上杉勢は放火したのち騎西領を後にする。命を落とした者は一人もいない。城も落ちていない。人質を出すことも、捕虜になる者もなく、兵力としては無傷も同然だった。逆に得たものがあったとするならば、上杉勢に対する憎悪をさらに大きくしたことだろう。

かくして、上杉謙信の騎西城攻撃は終わりを告げた。これ以降、謙信が騎西の地に足を踏み入れることは二度となかった。

後北条氏にとってみれば、このときの謙信の関東進攻は「最後の悪あがき」も同然であり、失うものもほとんどなかった。逆に羽生城（埼玉県羽生市）が自落し、関宿城（千葉県野田市）が開城となったため、一つの宿願を果たしたことになる。

謙信の関東進攻は、実質的にこれが最後と言っていい。天正五年（一五七七）に再びやってくるものの、小競り合い程度に留まり、以降関東の地を踏むことはなかった。そして、天正六年（一五七八）に春日山城（新潟県上越市）において四十九年の生涯を終える。

騎西城はその後も存続した。小田助三郎の亡きあと、新しく騎西城主の座に就いたのは成田泰喬《やすたか》（泰親）という者だった。この人物は忍城主成田氏長《うじなが》の弟にあたる。騎西城は変わらず忍城の兄弟城として機能していく。

ゆえに、天正十八年（一五九〇）に成田氏が領地没収となったとき、泰喬も騎西城から退出している。それは小田氏時代の終焉だった。

それ以降は、松平康重《まつだいらやすしげ》、大久保忠常《おおくぼただつね》、忠職《ただもと》が城主の座に就く。徳川時代の幕明けだ。ところが、寛永九年（一六三二）に、大久保忠職が美濃国加納城（岐阜県岐阜市）へ移封が決まると、後任の者はなく、騎西城は廃城となった。その長い歴史についに幕を下ろしたのだった。

現存する土塁は、そんな歴史を目にしてきたのだろうか。土塁周辺を歩くと、城跡を伝える標柱がいくつか建っている。二の丸跡、天神曲輪跡、的場跡、大手門跡など、その名残はないが、騎西城を偲ぶことはできる。

騎西城の大きな特徴の一つである障子堀は、アスファルトに覆われて道路の一部と化している。説明板がなければ、全くと言っていいほど堀跡とは気付かない。上杉勢が筏を使って沼を渡り、猛攻をかけたという二の丸も、「キャッスルきさい」の駐車場の一部と化している。

騎西城を覆っていた沼もない。そのほとんどが田畑と化し、「キャッスルきさい」の西側に池があるが、人工的に作られたものだろう。平地に築かれた平城ゆえ、開発の波からは免れない。時代とともに城の遺構は消滅し、町の一角となっている。

ちなみに、戦国期と江戸期では城の様子が異なる。天然の大沼を背景にして、曲輪と土塁で構成されていることに変わりはないが、城下町として整備されるのは江戸期に入ってからのことだろう。

城跡を示す標柱は、江戸期における騎西城を参考に建てられたものだ。上杉謙信に攻められた永禄六年（一五六三）当時の規模は、もっと小さかったと思われる。標柱を訪ね歩くときは、その辺を注意したい。

ところで、叔母以外からも「越後の者と結婚してはならない」の声を聞くかというと、実はそうでもない。騎西に住む若者は、「初めて聞いた」と言う。

戦国時代から、四百年以上もの歳月が流れている。記憶は薄れていったのだろう。叔母にしても、本気でそう言っているのではなく、歴史を語り伝えるように話しているだけだ。越後の人に恨みなど持っていない。

いがみ合うのではなく、事実としてその歴史を知る。ぼくは歴史を知ったことで騎西城に惹かれ、何度も足を運ぶようになった。騎西という地域の印象や捉え方が全く変わったし、歴史を通して年配の人や地域の人たちとの縁も生まれた。

視点を変えると歴史は違って見える。結局のところ、どちらが良い悪いではない。抗いようのない時代の流れがあって、歴史的出来事というのは起こるべくして起こったのだ。

歴史を憎悪の根源とするのではなく、「なぜそれは起こり、そのとき人々は何を考え、どう行動し、それがのちにどのような影響を及ぼしたのか?」。それをともに考えていくのが大切ではないだろうか。騎西城の歴史を通して、ぼくは上杉謙信の強さに惹かれ、懸命に戦った騎西の人たちを、同じ北埼玉の人間として誇りに思う。

障子堀跡（加須市）

「謎めく花崎城にはどんな歴史がある？　―花崎城―」

幼い頃に行った公園の中で、ひときわ妙な存在感をもって記憶に残っているものがある。

それは「花崎城山公園」。小学校中学年の頃、いとこの両親が花崎に家を買うという話が持ち上がった。ぼくは両親に連れられて、一度だけその場所へ行ったことがある。

まだ家は建っていない。閑静な住宅街の中に、何もない空間がポカンと広がっていた。やがてここに家が建つという。

そのすぐそばにあったのが花崎城山公園だ。大人たちが難しい話をしているとき、ほとんど年の差のないいとこと公園へ足を踏み入れた。

妙だった。遊具はない。砂場もない。ぼくら以外に遊びに来ている子どもや親子の姿もない。公園内には何本もの木が立っていて、周囲は住宅に囲まれているのに、そこだけ独特の空間を形成していた。

一番目を惹いたのは池だ。いや、それを「池」と呼んでいいのかわからない。普通、公園内の池と言えば、綺麗に整備され、中には噴水が設けられ、水中には色とりどりのコイが泳いでいる……そんなイメージだろう。

ところが、花崎城山公園の「池」は整備などされていない。ある程度人の手が入っているのだろうが、ほぼ自然の状態のまま、そこに横たわっている。水草が生え、護岸もされていない。水は少ない。色とりどりのコイもいない。半透明の水面に自分の顔が映るだけだった。

形も雰囲気も「池」っぽくない。それは細長く伸びていて、それが人の目を楽しませるために作られたものではないということはわかった。

まるで堀である。そこに水の流れがあったのならば、小川に見えたかもしれない。住宅街の一角に、なぜこのようなものがあるのか。

堀は東西に伸びている。北に一本、南に一本。辿ってみればそれはつながっていて、公園をとり囲むように巡っていた。水がたまっているのは西と北の堀だ。南の堀には水がなく、中に入ることもできる。

それが公園のデザインとして設計されたにしてはおかしい。もしデザインならば、せめて護岸くらいはするのではないだろうか。水草を刈り、オブジェの一つや二つをそこに置いてもおかしくない。自然にできたものでないにせよ、あまりに無造作に横たわっていて、その頃よく行っていた釣り場の沼に似ていた。

公園のすぐそばは東武伊勢崎線の線路があり、ときおり電車が通り過ぎていった。その電車の音を聞くたび、ぼくは不思議とその堀が存在感をもって迫ってくる気がした。そのときぼくが感じたのは、堀の上を通り過ぎていった月日の流れと、その重さだったのかもしれない。

親に呼ばれ、ぼくらは公園をあとにした。まあ、いい。いとこの家が完成すれば、この公園に来ることも何度もあるだろう……。ぼくは後ろ髪を引かれる思いで公園を出た。

物事は決して予定通りになるとは限らない。ぼくがその公園に再び足を踏み入れたのは、それから何年も経ってからのことだ。いとこの家は完成しなかった。工事に入る前に白紙となり、ぼくはその公園へ行く機会を失ったのだ。

なぜ白紙となったのか、その理由はいまも知らない。ただ、たった一度だけ目にした花崎城山公園の光景だけは、不思議と記憶に残り続けた。当時はまだ、それがどこにあるのかわからなかった。名前すら知らなかった。ただ、大人になっても記憶の片隅に残り、それが消えることはなかった。

第一印象というものがある。第一印象がその後の関係を大きく左右するという。場所にもそれが当てはまると思う。花崎城山公園の第一印象が、ぼくの心をつかんだのだ。フィーリングが合ったのかもしれない。

花崎城山公園が思いがけない形でぼくの前に姿を現わしたのは、二十歳を過ぎた頃のことだ。「公園」としてではない。「城」として姿を現わしたのだ。

そう、公園内にある謎めく「池」は、花崎城の堀跡だったことが判明。公園の造営のために掘られたものではない。もっと昔に掘られ、デザインでも遊ぶためでもなく、城の守りを強固にした戦国時代の生々しい遺構の一部だったのだ。

公園の名前に「城」の字が使われていることも頷ける。古くからここは「城山」と呼ばれていたのだろう。

幼い頃に何気なく遊んだ公園が、実は城跡だったとは思いも寄らない展開である。近隣に、「忍城」「羽生城」「騎西城」があるとはいえ、教科書には載っておらず、歴史の表舞台に登場するわけでもないから、興味がない限り「城」の認識は薄い。

そもそも、一般的に「城」と言えば、天守閣の建つきらびやかなイメージだろう。周囲を住宅に囲まれ、すぐ横を電車の通るその公園が城跡とは想像だにしない。

だから、公園が城跡と知ったときは、開いた口がふさがらないほどの衝撃だった。キツネにつままれた気持ちさえした。それでいて、憑き物が落ちたような感覚を覚えたのは、幼い頃に惹かれた理由が何とはなしにわかったからだ。

新たな知識は世界を一変させる。郷土史の面白さは、こうした衝撃が身近なところに転がっていて、ひょんなきっかけでその扉を開くところにある。花崎城の衝撃が、ますます郷土史の世界へ背中を押したのは言うまでもない。

花崎城は謎めく城だ。いつ築城され、誰が城主だったのかも知られていない。ただ、江戸時代の地誌『武蔵志』や『新編武蔵風土記稿』に「花崎古城」「古城蹟」とあることから、かつてここに城が存在していたことは古くから知られていた。とはいえ両地誌とも、「城主不知」「何人の住せしことをしらず」とあるから、ときの流れの中で城の歴史が失われていたことがうかがえる。

ところが、昭和五十五年（一九八〇）八月から翌年十月にかけて実施された発掘調査で、意外なものが発見された。

それは「障子堀《しょうじぼり》」。城の守りを固めるため、堀の中に畝や障壁を作る堀だ。山中城（静岡県三島市）の障子堀が有名だが、花崎城のそれは、公園から線路を挟んだ北側で検出された。城主の伝わらない小さな城から障子堀が発見されたのだ。

しかも、ここの障子堀は大きな特徴を持っていた。それは障子堀の規模だ。山中城の障子堀の畝が高さ約一・八メートルに対し、花崎城のそれは二十〜三十センチくらいしかない。障壁も同様に一メートルほどで、これではさほどの防御機能を持たない。

まさか、デザイナーがオブジェとして障子堀を設けたわけではないだろう。「だって障子堀ってかっこよくない?」と、若者風に言う武者が思い浮かんでも、それは現代の感覚。ときは戦国乱世である。デザイン重視の城を築いたら、瞬く間に攻め滅ぼされてしまう。

ではなぜ、花崎城関係者はこのような障子堀を築いたのだろう。その答えの一つとして、『埼玉県加須市文化財調査報告書　花崎遺跡』では、堀の中を泥水状態に保つためとしている。敵を設けることで堀の中の排水を抑え、常に水をたたえている状態にすることが、設置者の意図するところだったのではないかという。

現在の城跡は、公園の北側がやや低くなっているものの、見た目には平坦だ。しかし、かつては高くなっていたらしい。『武蔵志』には「城地箕ヲ伏セタルカ如シ 高ク沼ニ成出タルナリ」とあるし、『新編武蔵風土記稿』も「小高き土地にて」と記している。「城山」がその地を指す呼び名だとすれば、やはり地形に由来するものだろう。

花崎城は、沼や湿地に囲まれ、台地の上に築かれた城だった。沼や湿地を自然要害とするも、さらに守りを固めようとした。そこで城の内堀に畝を設け、排水を抑え、侵入者の動きを鈍らせる状態を保たせたことになる。

さて、そのような守りで固められた花崎城は、敵からの攻撃を防ぎ、撃退させ、維持することができたのだろうか。忍城のごとく、小勢でも大軍に一歩も退かないという胸がすくようなエピソードが残っているのだろうか。

残念ながら、そのようなエピソードは花崎城には残っていない。そもそも、城主の名さえ伝わっていない城だ。城史は謎に包まれている。

しかし、手がかりが全くないわけではない。花崎城史を繙くヒントとなる資料が二つある。

一つは、「茘萱《はりがや》氏系図」。この資料の中には、花崎城が敵勢に攻め寄せられたという記述がある。ときは戦国時代。関東へ出陣した長尾景虎（上杉謙信）は、後北条氏の本拠小田原城（神奈川県小田原市）へ攻め寄せる。城は落ちなかったが、景虎は鶴岡八幡宮にて関東管領に就任する。上杉氏の名跡も継ぐ。

その帰路のことだ。上杉勢の先陣として「木戸宮内少輔」が千余人を率いて粟原城（埼玉県久喜市）に進攻するのだ。粟原城とは、鷲宮神社のすぐ近くに存在した城で、同社神主が城主を兼ねていた。

木戸宮内少輔はこれを「焼落」。すなわち落城させた。そして木戸氏は次の標的に向かう。その標的こそ花崎城だった。「退時に花崎城へ押寄たり」と「茘萱氏系図」は言う。

このとき城にいたのは十一歳の「半左衛門泰秀」だった。主力は小田原に詰めていたため、泰秀ら六十余人は避難を余儀なくされたらしい。

これが花崎城址を繙く資料の一つだ。謙信が小田原城を攻めた永禄四年（一五六一）当時、城はすでに存在していたこと、後北条方の城として機能していたことがうかがえる。粟原城（＝鷲宮神社）を支える役割を担っていたのかもしれない。

粟原城と花崎城を攻めた「木戸宮内少輔」とは、のちの羽生城主木戸忠朝《きどただとも》に比定される。当時、忠朝は河田谷姓を名乗っており、上杉謙信の小田原城攻めには、兄の広田直繁《ひろたなおしげ》とともに参陣していた。

ちなみに、『武蔵志』によると、江戸時代に花崎城近辺の沼田から竹筏や鉄砲玉が出土したという。竹筏は、鉄砲玉から身を守る竹束の可能性がある。これが永禄四年の戦いで使用されたものか不明だが、当時の緊迫感を匂わせる。

木戸氏に攻められて以降、花崎城はしばらく歴史から姿を消す。永禄六年（一五六三）の上杉謙信の騎西城攻めや、永禄八年（一五六五）の後北条氏による忍進攻など、年を追うごとに北武蔵も騒々しさを増したが、この間の花崎城の動向を伝える資料は現在のところ見付かっていない。

ただ、ひとつの参考として、昭和五十年代に実施された発掘調査で出土した陶磁器が注目される。この調査ではある特徴がみられた。それは、一五三〇年前後（享禄～天文前半）のものと、一五八〇年前後（元亀～天正期）のものが多かったということだ。逆に、空白期と見なされるがごとく、一五五〇～六〇年前後（天文後半～永禄期）の陶磁器がなかったのだ。

城全体を調査したわけではない。だからはっきりとはしないが、この特徴から見れば、木戸氏に攻められたのち、花崎城は廃城も同然になっていたのかもしれない。新たに城番が置かれることもなく、整備し直されることもなかった。城としての機能は停止し、周囲が騒々しさを増す中でも沈黙を続けた。

しかし、やがて花崎城は復活を遂げる。歴史に再びその名を現わし、北武蔵をとりまく戦乱の激しさを伝えることになる。というのも、天正二年（一五七四年）に比定される五月四日付の北条氏繁《うじしげ》書状の中に、「号花崎地、即時自落」と記されているのだ（「並木淳氏所蔵文書」）。即時自落。すなわち、花崎城は自ら落城したという。一体このとき城では何が起こったのだろう。

一度は廃れたとおぼしき花崎城が、いつ復活したのかは定かではない。想像の域を越えないが、上杉氏と後北条氏が手を結ぶ越相《えっそう》同盟が成立した永禄十二年（一五六九）頃と思われる。永禄四年に花崎城を攻めた木戸忠朝は、その後羽生城主となる。兄広田直繁は、羽生城から館林城主（群馬県館林市）となっている。

このような動きの中、花崎城は改めて木戸氏の城として取り上げられたのではないだろうか。整備し直し、木戸方から新たに城番を置く。羽生城の支城の一つとして、花崎城は機能していく。だとするならば、木戸氏の花崎城取り立ては、後北条方だった粟原城を警戒する一面もあったが、岩付城（埼玉県さいたま市）を視野に入れていたものと思われる。

天正二年（一五七四）当時、花崎城の本城にあたる羽生城は窮地に陥っていた。武蔵国で上杉方に付いていたのは羽生城と深谷城（埼玉県深谷市）だけとなる。やがて後者は離反。これにより、羽生城は孤立無援と化した。木戸忠朝は城が維持できるよう、正覚院というお寺に祈願を依頼するほどだった。

そんな羽生城を救援すべく、上杉謙信は関東に出陣。破竹の勢いで上野国の諸城を陥落させる。ところが、上杉勢は突然進軍を止めてしまう。

実は、このとき進軍を阻んだものがいる。北条勢ではない。味方の裏切りでもない。人でもなかった。

それは利根川だった。雪溶け水で増水した利根川が、上杉勢の行く手を阻んだのだ。

さすがの謙信も自然の力には叶わない。ここで奇跡を起こせば、謙信のカリスマ性は神の域に達しただろうが、事はそううまく運ばなかった。

結局、謙信は撤退を余儀なくされた。四月十一日の朝、謙信は羽生城に背を向け、立ち去ってしまう。

花崎城が自落したのはこのときである。北条勢が羽生城に向けて出馬したところ、花崎城は自落へと追い込まれたのだ。籠城したところで生き残りは難しいと判断したのだろう。自落後に羽生城へ入って決戦に臨んだとすれば、木戸忠朝の軍事的判断による可能性もある。

いずれにせよ、花崎城は天正二年（一五七四）に自ら落城した。これを最後に花崎城は歴史から姿を消す。後北条氏が没落する天正十八年（一五九〇）まで城として機能していた可能性はあるが、その周辺が再び戦場と化すことはなかった。

ちなみに、羽生城は天正二年閏十一月に自落している。これにより後北条氏は武蔵国経略を果たす。関東をめぐる戦いはひとつの区切りを迎えた。

天正十八年（一五九〇）に徳川家康が関東に入府し、騎西城に松平康重《まつだいらやすしげ》、羽生城に大久保《おおくぼ》忠隣《ただちか》、忍城に松平忠吉《まつだいらただよし》（先に整備役として松平家忠が入城）など、新たな知行割りが行われた。その中で、花崎城を宛がわれた者は誰もいなかった。あくまでも花崎城は支城として補佐する位置にあったのだろう。城は廃たれ、その歴史も埋もれていった。

ところで、先述した花崎城の障子堀だが、木戸氏に新たに取り立てられたときに造られたとする見方もある。廃城同然となっていた花崎城を整備し直し、改修し、そのとき障子堀を設けたとするのだ。

もしそうだとするならば、天正二年（一五七四）に自落したときには障子堀は存在していたことになる。木戸氏時代に形成されたということは、羽生城にも障子堀が設けられた可能性も出てこようか。

花崎城が廃され、長い年月とともに障子堀も埋もれていった。江戸時代に編まれた地誌のいずれもが詳細を伝えていないということは、その歴史が次第に忘れ去られていったことがうかがえる。

ちなみに、城跡の近くにある法泉寺《ほうせんじ》は、永禄年間（一五五八～一五六九）の創建と伝えられる。花崎城との何らかの関係性が疑われるが、お寺では特に何も伝わっていない。元和九年（一六二三）一月二十六日に逝去したという同寺開基の法泉寺殿明覚宗哲居士は、城の歴史を（全てではないにせよ）目の当たりにしたのではないだろうか。その霊魂を呼び寄せたならば、じっくり聞いてみたいものである。

最初に記したように、花崎城址は一部が公園になっている。堀が意味深に残っているせいか、一般の公園とは雰囲気がやや異なっている。周囲は住宅街であり、すぐそばを東武伊勢崎線の線路が通っている。

障子堀が検出されたのは、埼北自動車学校の西隣と言った方がわかりやすいかもしれない。現在は建物が建ち、障子堀の「し」の字も見受けられないが、かつてそこから花崎城址の特徴を物語る遺構が姿を現わしたのだ。

電車の中からでも花崎城址を見ることができる。とはいえ、わずか数秒間の見学だ。南の公園か、北の障子堀跡を見るか迷うところである。通勤で見慣れた景色でも、そこが城跡と思うだけで違って感じられるだろう。

宅地と化した場所でも、「駒洗い」「城の内」の呼び名の残るところがある。そんな呼び名を聞いたら、ただの住宅街には見えなくなってしまう。

かくして、幼い頃にたった一度だけ遊び、妙な存在感で記憶に残っていた公園は、大人になってから思いもよらない広がりを見せた。時空を越えて戦国時代を甦らせ、全く触れることのなかった郷土の歴史を浮かび上がらせた。

今後の調査で新たな知見を得られる可能性はあるだろう。障子堀の検出をしのぐ発見の衝撃はあるだろうか。公園内に残る堀跡は、壮大な物語の伏線のように静かに横たわっている。

花崎城の堀跡（加須市）

「城跡に歴史とともに沈んだのは？　―油井城―」

永禄六年（一五六三）、上杉謙信は騎西城《きさい》（埼玉県加須市）に猛攻をかけた。女や子どもが詰めていた二の丸は阿鼻叫喚となり、騎西城は陥落。城主小田助三郎は助命され、兄の忍城主成田長泰とともに謙信に従属することとなった。

この攻防戦については、「騎西城」の項で詳しく述べた。実は、騎西城が猛攻を受けていた頃、同じく上杉勢から攻撃された城があった。

それは油井《ゆい》城（埼玉県加須市）。騎西城からおよそ二キロメートルの距離に位置する城だ。上杉謙信は騎西城を攻めるのと同時に、一隊を油井城にさし向け、急襲させた。

油井城は別名鐘撞山《かねつきやま》という。「城」の文字は付かない。その名の通り、鐘を撞く山である。なぜこのような名が付いたのだろうか。

現在、油井城址へ足を運んでも、「鐘」はない。「山」も見当らない。周囲は田畑が広がり、近くには調節池である油井ヶ島沼が横たわっている。

ただ、碑がポツンと建っている。大正十一年（一九二二）に建立されたもので、そこに刻されているのは「鐘撞山之記」。なぜここが「鐘撞山」と呼ばれているのか、その由来を伝えている。碑銘によれば、油井城は騎西城の支城的存在だった。城主の名は伝わっていないが、上杉勢が騎西城を攻撃したとき、当然油井城も標的となる。上杉勢の猛者たちが、油井城に押し寄せてくる。

騎西城に比べると、その規模は小さかったと思われる。ゆえに、本城の救援なくして城は守れない。

城兵は騎西城へ緊急を伝えるとともに援軍を要請した。電話もメールもない時代のことだ。油井城兵がその伝達手段として用いたのが何だったかというと、鐘である。鐘を激しく打ち鳴らし、騎西城に援軍を要請したのだ。

ところが、騎西城も上杉勢の攻撃を受けている最中だった。救援どころではない。むしろ、北条氏康や成田長泰からの援軍を渇望していた。

鐘の音は二キロメートル先の騎西城まで響く。城兵がそれを耳にしても、どうすることもできなかった。それは、悲鳴に似た響きだったかもしれない。押し寄せてくる上杉勢への恐怖と焦燥が音に表われていた。

しばらく鳴り続けていたが、やがてそれも止む。それは油井城の落城を意味していた。単独ではとても上杉勢の攻撃は防ぎきれない。いたずらに落城を待つほかなかった。

騎西城も油井城と同時に陥落。騎西城主小田助三郎は助命され、領地も没収されることはなかったが、上杉勢の強さと凄まじさを目の当たりにした戦いだった。この攻防戦を機に、騎西城は上杉方の城として機能していくことになる。

油井城がその後どうなったのかは定かではない。「鐘撞山之記」によれば、落城する際、城兵は甲冑や武器を丘に埋めて落ち延びたという。そのまま廃れたのではなく、以後も騎西城の支城として機能したと思われる。上杉氏と後北条氏の戦いが激化する中、油井城は影ながら本城を支えた。

支城というせいもあって、油井城にまつわる情報は少ない。「鐘撞山」の呼び名の由来は、鐘を打ち鳴らして急を知らせたからだ。

しかし、それも伝承の域を出ない。後世の創作と言ってしまえばそれまでだ。上杉謙信が騎西城を攻めたことは事実だが、油井城の攻防戦についてはどの資料も触れていない。それだけに謎の多い城と言える。

ただ、ここが「城跡」ということは古くから伝わっていた。『新編武蔵風土記稿』は、「猪股《俣》小平六則綱」の城跡という伝承を載せている。猪俣則綱は『吾妻鏡』や『平家物語』にも登場する人物だ。風土記稿では、則綱がここに居住していたとは断言しておらず、参考程度に触れている。

なお、同書は「矢ノ根」や「鉄炮の玉」が出土したことを伝える。「鐘撞山之記」でも、元禄の頃（一六八八～一七〇四）に大身槍や陣鍋が出土したと刻している。出土品から見れば、ここが何らかの軍事施設だったことがうかがえる。城の縄張りは不明だが、豪農の屋敷が武装化した程度の規模であり、敵の襲来によって住民たちが駆け込む「村の城」だったのかもしれない。

ところで、上杉勢の襲来のとき、打ち鳴らした鐘はどうしたのだろうか？　落城のとき、上杉勢に奪われたのか？

いや、そうではない。『新編武蔵風土記稿』は言う。

水底に陣鐘埋りてありと云傳ふ

どうやら鐘は油井ヶ島沼の水底に沈んでいるらしい。なぜ沈んでいるのかはわからない。油井城兵が落ち延びるときに沼へ投げ込んだのだろうか。

伝説ではあるが、深谷城（埼玉県深谷市）においても、合戦に敗れた城主が鐘を内堀に投げ込んでから落ち延びたという。事例がないわけではない。

現在、油井ヶ島沼と言われている遊水池は、周囲が護岸されている。天然の沼というより、人工的な雰囲気が色濃い。あくまでもぼくの印象だが、とても油井城の「陣鐘」が眠っているとは思えない。

油井城の位置する埼玉県加須市油井ヶ島は、どこまでも平地である。そびえ立つ山はない。だから土を盛り、塚を築き、その上に簡易的な櫓を設け、見張り台をかねて鐘を設置したのだろう。

ちなみに、この辺りで「山」と言うと、林を指している場合が多い。例えば、「ちょっと山へ行ってくる」と言えば、屋敷林か雑木林に行くことを意味している。だから、秩父から嫁いできた人がその言葉を聞いて、「どこに山があるのかしら？」と首を傾げたという。想像の域を出ないが、油井城が鐘撞山と呼ばれることも、一説にこの城が樹木に覆われていた所以も考えられるかもしれない。

羽生市内にも、かつて鐘打山と呼ばれた場所がある。羽生城内と比定される場所で、油井城のようにここで鐘を打ち鳴らし、領民に緊急を伝えるか、出陣の招集をかけたことが想像される。例えそれが戦国時代まで遡れないにしても、往古を偲ばせる呼び名だ。『羽生市史』では、一里ごとに鐘撞場を設け、リレー方式で打ち鳴らして越後へ緊急を知らせた方法を参考情報として触れている。しかし、ここでの鐘の音は、あくまでも羽生領民を対象としたものだろう。

その跡地は変電所となり、鐘撞山の「か」の字もない。小高い山もなければ、雑木林もないのだ。しかし、古老の話によれば、かつてはここには小高い塚があり、樹木に覆われていたという。

さて、現在の油井城は周囲に田畑が広がり、のどかな田園風景の一角となっている。かつての城は、油井ヶ島沼をはじめ湿地や深田に囲まれた要害の地だったのだろう。上杉謙信は騎西城攻めの際、「埋草」をし、壊した民家の材木で筏を組み、沼を渡ったが、油井城攻めの際も同様の手段を採ったものと思われる。油井城を取り巻く自然要害は、そう簡単には上杉勢の進攻を許さなかった。

油井城のそばには八幡社と神宮寺がある。八幡社については、猪俣小平六則綱が鎌倉由比ヶ浜から勧請したと伝わっている。そのため、この地域は油井ヶ島という地名がついたという。

これに対し、韮塚一三郎氏は別の地名由来説を述べている。「ユイ」とは労働交換・助け合いの意味がある。「シマ」は田のあるところと、村の意がある。すなわち、油井ヶ島はユイ（結）

によって開発された耕地・村ということになるという（『埼玉県地名誌』）

決定的な資料がないため、どちらの説を採るかはその人次第だ。鎌倉の由比ヶ浜に由来する説はロマンがあるし、後者の説はこの地を懸命に拓こうとする人々の汗がにじんでいる。地名について考えながら実際に足を運べば、自分独自のオリジナルの説が生まれるかもしれない。ちなみに、神宮寺には「源氏女比丘尼妙賢」と刻された板碑が現存している。意味深だ。これは猪俣小平六則綱の名がここに伝わる謎を解く一つの鍵かもしれない。

油井城址は、かつてここで上杉勢に攻められた伝承があるとは思えないほど、閑静で牧歌的なところだ。激しく打ち鳴らす鐘の音はミスマッチな気がする。陣鐘は、油井ヶ島沼か周辺のどこかに眠っているのだろうか。

沈鐘伝説のように、夜な夜な鐘が鳴り響くという話は油井城では聞かない。梵鐘ではなく、陣鐘だからだろうか。

この地域がユイ（結）によって拓けた村だとするならば、古くから人々は農業を営み、暮らしてきたのだろう。夏が来て、田植えシーズンともなれば、青年男子たちが打ち鳴らす太鼓や鉦の中で、早乙女たちが作業していたのかもしれない。大変な労働でも、陽気で笑い声に満ちて、どこか詩的で……。

田の神を祀る役目を持ち、着飾る早乙女たち。その光景はどこまでも明るい。油井ヶ島に響く鐘の音は、血生臭い合戦よりも、早乙女たちの笑い声の混じり合う牧歌的な音の方がよく似合う。

油井ヶ島沼（加須市）

羽生勢と忍勢が衝突した伝説の古戦場とは？ ―岩瀬河原―

羽生市桑崎には、桑崎三神社という神社が鎮座している。明治四年（一八七一）に八幡社、天神社、稲荷社が合祀されたため、「三神社」と称している。

この内、八幡社については羽生城に関する伝説がある。戦国時代、岩瀬河原《いわせがわら》にて羽生勢と忍勢が衝突。羽生勢がこれに勝利し、その記念として八幡社を勧請したという。『武蔵国郡村誌』によると、八幡社の勧請を元亀三年（一五七二）三月十五日としている。

この両勢の衝突は、「岩瀬河原の戦い」と呼ばれるものだ。岩瀬河原とは、桑崎の会《あい》の川《かわ》が流れる場所を指している。会の川はかつての古利根川で、羽生領と忍領を分ける境界線だった。両勢が衝突してもおかしくはない。岩瀬河原は古戦場ということになる。

『武蔵国郡村誌』のほかに、「木戸氏系図」や「中岩瀬天神宮縁起」という資料が、岩瀬河原の戦いに触れている。戦いの起こった年号はそれぞれ異なるが、会の川を挟んで両勢がぶつかり合ったことは共通している。羽生では比較的よく知られた戦いだったのだろう。

上杉謙信が関東に出陣した永禄三年（一五六〇）以降、羽生城と忍城は味方同士のときもあれば、敵対することもあった。常に上杉方だった羽生城に対し、忍城主成田氏は謙信から従属と離反を繰り返していたからだ。

羽生城と忍城との戦いが激化するのは、元亀二年（一五七一）末に越相《えっそう》同盟（上杉氏と後北条氏の間で結ばれた同盟）が破綻した以降である。破綻後はこぞって北条方に付く国衆がほとんどだった。成田氏もその中の一人であり、上杉方の姿勢を崩さない羽生城主木戸氏と激しく火花を散らすことになる。

木戸氏を倒して羽生領を接収することは、成田氏にとって宿願だった。後北条氏にとっても、羽生城と深谷城を落とせば武蔵国経略を果たすことになり、成田氏との利は一致していた。両者は手を組み、羽生城陥落に乗り出さないはずはない。

なお、越相同盟の破綻以降、前羽生城主で新たに館林城（群馬県館林市）を与えられた広田直繁が死去する。館林の善長寺で開かれた会合の席で、あえなく謀殺されたのだ。

広田直繁は羽生城主木戸忠朝《ただとも》の兄にあたる。忠朝にとって欠くことのできない存在であり、その死は半身をもがれたのも同然だった。

逆に、成田氏にとっては好機以外の何ものでもない。かくして、成田氏長は羽生城攻略に向けて出陣する。

かつて父長泰が二度の敗北を喫した相手だ。当時は岩付勢の援軍によって敗走せざるを得なかったのだが、岩付城はすでに後北条方となっている。もはや援軍に駆け付けることはない。成田氏長は意気揚々と羽生城に向けて出陣した。

一方、木戸忠朝は成田氏の動きを警戒していた。成田氏の出陣はすぐに忠朝の耳に入る。鐘を鳴らし、兵たちを招集した。迫り来る忍勢を食い止めるべく、自ら馬に乗って出陣した。

そして、両者がぶつかり合ったのが岩瀬河原だった。因縁の対決である。いずれの兵も士気は高く、矢叫びが飛び交い、激しく干戈を交え、会の川は血の色に染まった……。というのは、あくまでも想像上のこと。

岩瀬河原の戦いについて詳細に記した資料は、現在のところない。冨田勝治氏は、『関八州古戦録』の次の記述を、岩瀬河原の戦いと比定している。

長泰（氏長）克き幸と思ひ、羽生の番兵を逐払はんと欲し松岡石見守・成田土佐守なと云、鋭士共を先隊として、八月十日余り彼砦へ押懸攻撃つ事甚急なり、されとも木戸・川原井勇を

揮て防き戦ひ忍衆多く討れて引退く

松岡石見守、成田土佐守ら忍勢先隊が羽生城攻略に向けて出撃するが、木戸忠朝の抵抗にあい、多く討たれて撤退したという。ちなみに、冨田氏はこの岩瀬河原の戦いを、元亀二年（一五七一）八月に比定している（『羽生城と木戸氏』）。

この二つの資料では、羽生城の勝利としている。ゆえに戦勝記念として、桑崎村に八幡社を勧請したという。

確かに、勝利したこともあったかもしれない。木戸忠朝は、永禄年間（一五五八〜一五七〇）に二度も忍勢を撃退させ、粟原城（埼玉県久喜市）や花崎城（同県加須市）を落とした男だ。岩瀬河原にて迎え討ち、忍勢を追い払ったと言えなくもない。

というのも、ぼくは「岩瀬河原の戦い」は、一度だけではなかったと見ている。会の川を挟んで、両勢は何度か衝突したと考えるのだ。

元亀三年（一五七二）に比定される八月二十八日付の北条氏照《うじてる》書状には、「此度羽生之勢如御望之被打散候事、可為喜悦候」という一文がある（「吉羽文書」）。すなわち、「このたびお望みのごとく羽生勢を打ち散じ、喜ばしい」と書き送っているのだ。羽生勢の敗北である。コテンパにやられたらしい。

ただ、その後も羽生城は木戸氏が守っていることから、落城を意味するものでなかった。北条氏照が喜ばしいと言ったこの戦いこそ、岩瀬河原の戦いを指すものではないだろうか。

「木戸氏系図」は、羽生勢が岩瀬河原の戦いに敗北し、羽生城も落城したとある。忍勢が勢いに乗ってそのまま城に向かった可能性はあるが、落としにかかったとは思えない。力攻めにすれば、それだけ自軍の犠牲は免れない。城外戦で勝利し、その圧をもって自然と陥落することを待ち望んだのだろう。

成田氏だけでなく、後北条氏の動きも活発化している。北条氏繁《うじしげ》は羽生城攻撃に向かっているし、小田原城主北条氏政《うじまさ》も直々に出陣し、羽生領の小松に布陣した。

忠朝や城将たちの心的ストレスは想像に難くない。越後へ書状を書き送り、上杉謙信の関東出陣を待つほかなかった。

岩瀬河原の戦いは、羽生勢が勝利することもあれば、忍勢が敵を打ち散らすこともあった。成田氏長が「正木丹波守」や「青木兵庫」に与えた文書がある。年号を欠いているが、いずれも羽生において敵を討ち取り、その戦功は比類がないと褒め称えている(「知新帖」「百家系図」)。

これは岩瀬河原の戦いでの戦功を指しているものだろう。いずれにせよ、羽生と忍の衝突が激化していることは間違いなく、その境界である会の川の流れる村々は、強い緊張を強いられていた。特に岩瀬河原に比定される桑崎村では、常に成田氏を警戒し、即座に戦える体制を崩すことができなかったはずだ。

そうした緊張は、天正二年（一五七四）閏十一月まで続いた。この年、羽生城は自落。城兵は上杉勢に引き取られ、その数は「千余人」に及んだという。

羽生領は忍領に接収され、成田氏の支配下となる。これより、会の川を挟んで羽生勢と忍勢が干戈を交えることはなくなった。このことに胸を撫で下ろす村人も少なくなかったに違いない。木戸氏はすでに羽生になく、上野国で羽生城回復を願ったが、それが叶うことはなかった。

月日の流れとともに、木戸氏と成田氏の戦いは過去のものとなっていく。領民の中には昔話として、その時代のことを語る者もあったかもしれない。岩瀬河原の戦いも次第に歴史に埋もれていった。言い伝えがどこまで史実を語っているか不明だが、完全に埋もれることなく今日まで語り継がれてきたということは、人々の心に訴えるものがあったからだろう。

さて、「岩瀬河原」と呼ばれる古戦場跡は、桑崎三神社付近の会の川沿いと比定されている。会の川はすでにコンクリートで護岸され、川幅も狭い。ひと目見て、そこをかつての利根川の本流とは思わない。

しかし、川沿いには河畔砂丘が連なっている。川が運んだ土砂と赤城颪《あかぎおろし》によって発達した内陸砂丘で、かつての会の川の営みをうかがうことができる。その砂丘の上には松林が生い茂っていたという。古老の話によれば、高さ七メートルを超す砂丘もあったのだとか。

ところが、昭和の高度経済成長期に砂が高額で売れ、その多くが切り崩されたらしい。現在見える河畔砂丘はその生き残りと言える。桑崎三神社も砂丘の上に建っている。

戦国時代に羽生城と忍城が激突した頃は、河畔砂丘はうねるように高く、松林もずっと深かったのだろう。会の川の流れも、最盛期より少なくなっていたと思われるが、荒々しさはまだ残っていたかもしれない。

果たして、合戦は昼だったのか、夜だったのか。岩瀬河原で羽生勢が待ち伏せての激突だったのか。両勢合わせてどれほどの犠牲者が出たのか……。先述の通り、岩瀬河原の戦いは伝説の域を出ていない。

伝説は古戦場だけに限らない。「血洗いの池」というのがある。岩瀬河原の戦いで勝利した羽生勢が、血のりの付いた服や武具を洗い落としたところと伝えられる。あるいは、合戦で亡くなった人を葬った場所との説もある。

残念ながら、「血洗いの池」は現存していない。窪地が残っていたが、その後完全に埋め立てられたという。

ぼくは、血洗いの池を見損ねている。郷土史に興味を持つ時期が遅かったらしい。もっと早くに関心を持っていれば、おそらく見ることができたはずだ。往古の河畔砂丘といい、血洗いの池といい、失われて惜しいものがたくさんある。

なお、冨田勝治氏の研究によると、桑崎には会の川を監視する「堀の内」という出城があったという。羽生城の支城の一つに数えられるものだ。

現場に足を運んでも、「城」を偲ぶのは難しい。この堀の内が「支城」として機能していた頃は、おそらく河畔砂丘の一部は土塁や矢倉台として利用されていたことだろう。昭和の砂取りと同時に、堀の内の遺構も消滅した可能性は高い。

また、桑崎には「金山《かなやま》」と呼ばれる高まりがあった。岩瀬河原の戦いが起こったとき、金山城（群馬県太田市）の援兵が陣取った場所と伝えられる。

岩瀬河原の戦いがいつ起こったのかは定かではない。ぼくは、越相同盟の破綻後の元亀二年（一五七一）以降と考えるため、仮に元亀三年に起こったとしても、そのとき金山城主は北条方である。上杉方の羽生城に援兵を送るはずがない。

ゆえにこの伝説が事実とするならば、羽生城ではなく、忍城の援兵として駆け付けたのかもしれない。成田氏長は金山勢の援軍を得て出撃する。あり得ないことではない。

果たして、「金山」の呼び名は金山城兵に由来するものなのだろうか。これも伝説の域を出ないが、想像を刺激するものである。

ただ、残念なのは「金山」と呼ばれた高まりは切り崩され、現在はないということだ。援軍に駆け付けた金山城兵を想像するには、布陣した高まりも脳裡に思い浮かべなければならない。

このように、桑崎三神社の近辺には多くの伝説がある。現場は、屋敷林を背負う住宅やのどかに広がる田んぼがあり、特に目を引くようなものはない。むろん、観光地というわけではなく、ここを訪れる人はコアな歴史好きだろう。

しかし、何もないように見えるから面白い。何気ないふりして、歴史や伝説が眠っている。そこに隠されたものに目を向ければ、自ずと好奇心がくすぐられる。その秘密の扉を開いたとき、思わぬ世界の広がりを目の当たりにする。

桑崎にはもう一つ、伝説というか、言い伝えめいたものがある。医師で郷土史家の伊藤道斎の記した『埼玉群馬両縣奇譚』によると、その昔岩瀬河原には多くの蛍が飛び交っていたという。五月になると大量に発生し、飛び交うその様はまるで合戦のようだったとか……。この蛍合戦を見に、村人はもちろんのこと、町場の方からわざわざ足を運んでくる人もいた。

なぜここで蛍が合戦するのか。それには諸説あって、「金山」という塚に埋葬された武者の霊ではないかとも言われていた。岩瀬河原の戦いを連想させる言い伝えである。

蛍の光と人の霊は、イメージが結びつきやすい。会の川に飛び交う蛍に、かつて岩瀬河原の戦いで命を落とした武者の霊を重ねて見た人もいたのだろう。

現在この場所で蛍を見ることはできない。会の川は流れているが、その景観は大きく様変わりしている。「金山」は切り崩され、砂丘の上の松林も姿を消し、会の川の両岸は護岸されている。景観の移り変わりとともに、蛍も姿を消してしまった。「蛍合戦」はいまや伝説の領域である。

あるいは、時代の流れで亡くなった者たちの霊は、天へ昇っていったのだろうか。蛍の光が消え、押し寄せてくる開発と同時に、歴史や伝説は風化していく。それは埋もれていく羽生城と似ているかもしれない。そんな地域の移り変わりを見守るかのように、桑崎三神社は静かにたたずんでいる。

桑崎三神社（羽生市）

「上杉謙信から離反しなかったのは忠義のためか？　―羽生城―」

羽生《はにゅう》城（埼玉県羽生市）を訪ねる、と言っても戸惑ってしまう。古城天満宮の境内に羽生城址碑は建っている。しかし、それ以外に何もない。堀も土塁も、城を偲ばせるものは何一つないのだ。

それもそのはず。羽生城の遺構の全ては消滅しているからだ。一つも残っていない。城跡には住宅と工場が建ち、古城天満宮に建つ石碑だけが、かつてそこに城が存在していたことを伝えている。

とはいえ、古城天満宮が本丸だったわけではない。城の具体的な縄張りや構造については謎と言わざるを得ない。『新編武蔵風土記稿』によると、古城天満宮付近は「天神曲輪」と呼ばれていたという。本丸ではなかったが、城の一部であったことは間違いないようだ。

この神社は、天慶三年（九四〇）の創建と伝えられるが定かではない。戦乱により荒廃したのを、寛文九年（一六六九）に再興したという。

ちなみに、羽生落城伝説がある。城が落ちるとき、城主の奥方がご神体の一体を抱えて落ち延びたらしい。「天神の森」から舟を使って落ち延びたと伝えられる。伝説ではあるものの、神社の周辺は沼に覆われていたことがうかがえる。

ぼくが羽生城の存在を初めて知ったのは、平成三年（一九九一）から翌年にかけて羽生市立郷土資料館で開催された「羽生城展」のときだ。郷土資料館は図書館と併設されている。図書館に来たついでに展示室へ足を運ぶと、「羽生城展」が開催されていた。

キツネにつままれたような感覚だった。まさか、地元に城があったなんて想像すらしたことがなかったのだ。城と言えば、一般的にイメージされるのは絢爛豪華な天守閣と、積み上げられた石垣。観光名所のようなきらびやかなものだ。そんな城が地元にもあったのかと、衝撃の一方でまるで実感できなかった（羽生城は石垣や天守閣は実在していなかった）。

確かにヒントはあった。「城橋《しろばし》」「城沼《じょうぬま》」など、城の字の付く呼び名や地名は現在も使われていたのだ。しかし、実際の城とは結び付かず、城跡がどこにあるのかさえも知らず、羽生城とは無縁な生活が長い間続いていていた。

地元民でも、羽生城の存在を知らない人は少なくない。学校の授業で取り上げられるわけではないし、教科書にも載っていない。城跡にしても、石碑が一基建っているだけ。しかも大きな通りからは離れていて、住宅街の道に踏み込まなければ辿り着くことができない。

羽生城の名前を聞いたことはあっても、城史を知っている人は余程の歴史好きだろう。マニアックな城なのだ。

そんな羽生城を生涯に渡って研究し続けた人がいる。その人の名は冨田勝治《とみたかつじ》。郷土史家だ。

実は、羽生城史は長いこと謎に包まれていた。上杉謙信に属した城と言う人がいれば、武田信玄の旗下として活躍したと言う人もいる。城主は自刃して果てたと記す資料があれば、羽生を出て越州に移ったと語る資料もある。諸説錯綜として、どれが史実を伝えているのかわからない。

それを整理し、膨大な量の資料に目を通し、正確な羽生城史をまとめ上げたのが冨田勝治氏だった。十代の後半から興味を持ち、九十九歳で息を引き取る直前まで調べ続けていたから、その研究は八十年以上にも及ぶ。現在、羽生城史を知ることができるのは、冨田氏の研究のおかげと言って過言ではない。

ぼくが初めて冨田氏と対面したのは、氏が九十五歳のときだ。ぼくは二十五歳。ちょうど七十歳の年齢差だ。

もし冨田氏が長命でなければ、あるいは現役で研究を続けてなければ、出会うことはなかったかもしれない。氏と付き合う機会に恵まれたのは四年間だった。その歳月は瞬く間に過ぎ去っていったが、二十代の大きな宝になっている。

そんな冨田氏が明らかにした羽生城とは、「武蔵国で最後まで上杉謙信に仕えた城」という姿だ。永禄三年（一五六〇）に関東に出陣を果たした上杉謙信に従属すると、以後一度も離反することはなかった。強大な軍事力を有していたわけでもなく、難攻不落の城だったわけでもない。

しかし、どういうわけか謙信から離れない、裏切らない。これが羽生城の謎であり、魅力である。

冨田氏は、生前によく羽生城のことを「忠義に厚い城」と述べていた。城主は気一本な性格で、義を重んじ、忠節に厚い人物であったのだろう、と。

そんな羽生城を守っていたのは一体誰だったのか？　広田直繁《ひろたなおしげ》、木戸忠朝《きどただとも》の名前が浮かぶ。教科書には載っていない名前だ。この両名を知っている人はかなりのものだろう。

広田直繁と木戸忠朝の肖像画は残っていない。どんな容姿をしていたのかは全くの謎だ。

なぜ彼らは上杉謙信に属し続けたのだろうか？　不利とわかっているのに、どうして謙信から離反しなかったのか？

冨田氏が言うように、気一本で義に厚い人物だったからだろうか。忠節を重んじ、離反するくらいなら死を選ぶというような美学の持ち主だったのか。

大きな謎だ。強大な軍事力を持つ城ではなかっただけに、その謎には羽生城の本質が見え隠れしている。この城には一体どんな歴史が眠っているのか？　なぜ城主は謙信に属し、後北条氏に抗い続けたのか？　歴史を繙けば、血気盛んに戦国乱世を生きた羽生武士たちの姿が見えてくる。

羽生城がいつ築城されたのかはよくわかっていない。『新編武蔵風土記稿』は弘治二年（一五五六）に木戸忠朝が築城したと記しているが、何を根拠にしているのか定かではないし、それを裏付ける資料も現在のところ見付かっていない。

では、広田直繁と木戸忠朝が歴史に初めて登場するのはいつか？　それは、天文五年（一五三六）だ。この年、直繁・忠朝兄弟は、小松神社（熊野白山合社）に三宝荒神《さんぼうこうじん》御正体《みしょうたい》を寄進している。この御正体が両者の初見資料となっている。

天文五年当時に、直繁と忠朝が羽生に在住していたことは確かだろう。おそらく、二人とも元服に近い年齢だったのではないだろうか。

そこから上杉謙信が関東出陣を果たす永禄三年（一五六〇）まで、兄弟の動向は明らかではない。羽生領の神社仏閣の縁起や由緒によると、この間に神社を勧請したり、寺を開基したりしている。それをある程度史実として受け止めるならば、羽生領主としての基礎固めと捉えることができる。

彼らは古くから羽生領に住んでいたわけではなかった。いわば新参者だ。そのため、社寺に積極的に働きかけていたと言える。

この間、関東における情勢は大きな転換期を迎えていた。新たに台頭した後北条氏の勢いは増し、それに対抗しうる勢力は削がれていった。そこに登場するのが上杉謙信だ。後北条氏によって失われた領地を取り戻すため、あるいは関東の旧秩序を回復するため、関東管領上杉憲政《のりまさ》を奉じて関東へ出陣したのである。

永禄四年（一五六一）、上杉謙信が小田原城（神奈川県小田原市）を攻めたとき、その軍勢は十一万五千騎という大軍に膨れ上がっていた。後北条氏にとっては大きな危機である。ここで小田原城が落ちれば、歴史の流れは変わっていただろう。

直繁・忠朝にとっても、後年、北条方の勢力に追い詰められることはなかったはずだ。あるいは、忍城主成田氏との戦いは避けられたかもしれない。

しかし、小田原城は落ちなかった。

謙信は小田原城攻めの陣を解き、帰国の途に就く。その後、情勢は不安定さを増す。

羽生城に隣接する忍城(埼玉県行田市)は、上杉氏から離反。城主成田氏は後北条氏に付いた。

これに対し、上杉方の国衆は忍城から程近い皿尾城《さらお》（埼玉県行田市）を落とした。そこに木戸忠朝を配置。成田氏の動きを監視し、圧力を加えるためだった。

皿尾城に木戸忠朝、羽生城は広田直繁という「羽生―皿尾」体制がここに整う。兄弟とはいえ、二人が同じ場所にいることはなく、この体制は越相同盟の成立する永禄十二年（一五六九）まで続くことになる。

直繁・忠朝兄弟は、年を追うごとにジワジワと危機感を覚えていった。永禄六年（一五六三）に松山城（埼玉県比企郡吉見町）が、北条氏康・武田信玄連合軍によって陥落。松山城は武蔵国の要の城の一つだ。深雪をかき分けて救援に向かった上杉謙信だったが、到着する直前に陥落してしまう。これを機に、後北条氏と武田氏の反撃は加速していくことになる。

永禄七年（一五六四）には、岩付城（埼玉県さいたま市）が後北条氏の手に渡る。上野国では武田信玄によって倉賀野城（群馬県高崎市）が落城。その後、離反あるいは後北条氏や武田氏の武力によって陥落する城が増えていく。上杉謙信の関東経略は思うように進まないどころか、「躓き」も同然だった。

永禄九年（一五六六）、情況は一気に悪化する。謙信が下総臼井城（千葉県佐倉市）の攻略に失敗すると、関東諸将のほとんどは離反する。その中には成田氏も含まれていた。雪崩打つように謙信を見限り、後北条氏に付く。

ところが、直繁・忠朝兄弟は離反しなかった。変わらず謙信への従属を貫く。羽生城の存在感が増すのはこの頃からだ。時勢に逆らうかのごとく上杉氏に付くことで、彼らは輝きを放っていくことになる。

永禄十一年（一五六八）に比定される一月十日付の謙信の書状には、利根川の南でただ一人従属し続ける広田直繁に対し、その忠義を一生忘れないと記している（『歴代古案』）。この頃、羽生城は近辺の様子を謙信に報告する役割を担っていた。いわば、情報収集機関として位置付けられていたらしい。羽生城は、いつのまにか上杉勢力の最前線となっていた。

ところが、武田信玄の駿河進攻により、上杉謙信と北条氏康は同盟を結ぶ（越相《えっそう》同盟）。風向きが真逆に変わった瞬間だった。

この越相同盟の成立は、羽生城にも影響をもたらす。没落への序章と言っていい。広田直繁は、新たに館林城（群馬県館林市）が与えられた。羽生城には木戸忠朝が入城。ここから「館林―羽生」体制が新たに幕を切った。

しかし、謙信のこの処置が、直繁・忠朝兄弟に不幸を招くことになる。越相同盟決裂後、館林において広田直繁が謀殺されるのだ。

首謀者は前館林城主だった。城沼の畔にある善長寺で会合が開かれているとき、七騎衆を引き連れて急襲する。武蔵武士として戦場を駆け巡ってきた直繁だったが、ついに討ち取られてしまう。あまりに呆気ない最期とも言えるし、戦国乱世においては普遍的な出来事だった。

広田直繁の死が羽生城に届いたとき、城内は騒然となったことは想像に難くない。先行きの見えない将来をさらに黒く塗り潰す事件だった。実際、直繁の死後、羽生城は坂道を転げ落ちるように自落へと突き進んでいく。

忍城主成田氏は、越相同盟の決裂後は上杉氏から離反した。よって羽生城とは敵対関係となる。後北条氏にとっても、武蔵国経略は目前まで迫っていた。小田原城主北条氏政《うじまさ》が羽生城に向けて出陣。その弟の北条氏照《うじてる》も羽生に向けて軍勢を寄せている。岩付城代北条氏繁《うじしげ》も、成田氏の要請を受けて羽生城攻撃を開始。

あるとき、忍勢は望みのごとく羽生勢を打ち散らしたという。その知らせを聞いた北条氏照は、喜びを成田氏長に伝えている。

ただ、本格的な城攻めではなかった。近くに軍勢を寄せることで圧力をかけ、自落を促したのだろう。力攻めにすれば自軍の犠牲は免れないからだ。

羽生城を取り巻く情況はさらに悪化する。武蔵国で上杉方だった深谷城（埼玉県深谷市）が後北条氏に従属。武蔵国で上杉方なのは唯一羽生城だけとなってしまう。

ここまで追い詰められれば謙信から離反するしかない。もはやこれまで。そう踏ん切りをつけてもいいときだ。

ところが、羽生城は謙信から離れない。その方針を変えようとしない。孤立無援となり、絶体絶命と言っても過言ではない状況にもかかわらず、白旗をあげようとはしないのだ。

このとき、羽生城内にいたのは城主木戸忠朝をはじめ、嫡男の重朝《しげとも》と、広田直繁の遺子菅原《すがわら》直則《なおのり》といった城将たちだった。のちに、武家歌人として活躍する忠朝の二男元斎《げんさい》も城内にいた。謙信に従属し続けるその方針は、彼ら一丸となっての堅い意志だったのだろうか。あるいは従属派と離反派の二つに割れていたのか。結果的に見れば最後まで従属の姿勢を貫いていた。

上杉謙信が羽生城救援を含め関東に出陣したのは、天正二年（一五七四）のことだった。その年の正月、城が守られるよう正覚院（埼玉県羽生市）に祈念を依頼した木戸忠朝にとって、謙信は唯一の希望だった。

ところが、忠朝の願いは打ち砕かれることになる。上杉勢は雪溶け水で増水した利根川に阻まれて、進軍できなくなったのだ。謙信が着陣したのは大輪（群馬県邑楽郡明和町）だった。羽生城は目前だ。川を渡れば到着したのも同然の距離である。

謙信は浅瀬を探したが、渡れそうな場所はどこにもない。川の水も引く気配を見せなかった。そこで、秋までの兵糧弾薬を羽生城に送ろうとした。ところが、舟を三十艘並べて渡ろうとしたが失敗。渡れなかったどころか、兵糧弾薬を敵に奪われてしまう。

謙信が激怒したことは言うまでもない。羽生城に送った書状には、「一世中の不足をかき候事、無念に候」と悔しさを滲ませている。

結局、羽生城救援は叶わず、大輪の陣を引き払ってしまう。謙信は羽生城が持続できるよう「工夫」をして立ち去ったというが、それが何なのかは定かではない。そして、五月二十四日付の羽生城将に宛てた書状には、来秋の関東出陣までどうにか耐えてほしいと書き送っている（『歴代古案』）。

その言葉に偽りはなかった。同じ年、上杉謙信は二度目の関東出陣を果たす。結果的に見れば、後北条氏との決戦と言っていい。季節は変わり、利根川は雪溶け水で膨張していない。どこへでも行軍できる。「春中の鬱憤」は謙信の中でくすぶっていた。すさまじい勢いで関東の諸城を攻めまくる。

関東に入った謙信は仁田山城（群馬県桐生市）を攻め、籠城していた者を一人残らず撫で斬りにした。下野に軍を進め、佐竹氏に参陣を促す。そして、利根川を渡って武蔵に入ると、北条方の諸城を蹂躙する。

謙信の城攻めは激しかった。破竹の勢いで、上野・下野・武蔵に押し通り、火を放って焼き尽くす。羽生城近隣の忍城や騎西城（同県加須市）、菖蒲城（同県久喜市）や館林城などもその例外ではない。かつて、謙信が重要拠点としていた松山城や岩付城（同県さいたま市）も放火されている。

しかし、落城はしなかった。城下を焼かれはしたものの、謙信に従属する城はなかった。嵐のごとく関東諸城を蹂躙しても、勢力図は何も変わらなかったのだ。四十日間にわたって敵地を押し通ってきたが、一度も槍を交わさなかったという。意気揚々と出陣し、行軍し続けてきた謙信だったが、このときには空しさを覚えたかもしれない。

謙信は、最後に羽生城へ立ち寄った。よく城を見れば、敵の来襲に持ち耐えられるほどの要害ではなかった。救援に駆け付けようにも越後からではあまりにも遠い。このままでは、みすみす落城を待つようなもの。いたずらに敵に奪われることはしのびない。

謙信は決断する。城兵を引き取り、城を破却《はきゃく》しよう、と。かくして、謙信から一度も離反しなかった羽生城は、謙信の手により破却されることになる。ときに、天正二年（一五七四）閏十一月のことだった。

謙信の書状によれば、引き取った羽生城兵は、「千余人」にのぼったという（「名将之消息録」）。その中に、木戸元斎と菅原直則の姿があった。忠朝・重朝父子の姿はなかったと見られる。というのも、天正二年以降、二人の名は歴史から消えるからだ。

父子の最後を明らかにする決定的な資料は、現在のところ見付かっていない。ぼくは斎藤家々譜に見える「病死」が、史実を伝えているのではないかと睨んでいる。木戸忠朝は、羽生城自落を迎える前に病死。重朝は自落を目の当たりにし、生きる望みを失って自ら命を絶ったのかもしれない。いずれにせよ、天正二年以降に忠朝・重朝父子の名が歴史上に姿を見せないことから、この年に二人は死去したのだろう。

ちなみに、最後まで後北条氏に抵抗していた関宿城（千葉県野田市）も、羽生城が自落したちょうど同じ頃に開城となった。謙信は、羽生・関宿両城をほぼ同時に失ったことになる。後北条氏にとっては念願の関宿城を掌中に収めたほか、羽生城の陥落により、武蔵国経略を果たした。

羽生城自落後、領地は成田氏に接収される。上杉勢によって羽生城は破却されたとはいえ、その後新たに手が加わったらしい。成田氏ゆかりの者が入城している。天正十八年（一五九〇）の石田三成らの忍城攻めの際は、羽生城を捨てて忍城に入ったという。

ここまでが、戦国時代末期の羽生城における広田・木戸・成田の時代だ。上杉氏と後北条氏の戦いに巻き込まれ、翻弄された時代だった。

同国の国衆が、両氏の間で従属と離反を繰り返す中で、広田・木戸氏は終始一貫して上杉方の姿勢を曲げなかった。上杉謙信は、羽生城を守る彼らを「忠信」と表現した。その忠信は比類がないとし、広田直繁に館林領を与えた。また、直繁・忠朝兄弟の忠信に応えるべく、足利義氏を古河公方として認めてもいる。

果たして、上杉氏への従属は本当に「忠信」によるものだろうか。実は、ぼくはそうではないと見ている。忠信が皆無だったわけではないが、おそらくそれだけはないだろう。ネックとなるのは成田氏だ。広田・木戸氏は常に成田氏を意識せざるを得ない状況にあった。というのも、彼らは「政治的自立権」を成田氏によって脅かされていたからだ。

上杉謙信に属している間は、その軍事力を背景に政治的自立権は保たれる。言い換えれば、羽生城主の立場を維持できる。

しかし、後北条氏に属すればどうなるか？　それは彼らにとって成田氏に従属することを意味していた。政治的自立権は失われ、これまで持っていた力は奪われ、駒の一つとして扱われるか、あるいは一族の没落の危険性さえも含まれていた。

よって、羽生城の広田・木戸氏が謙信から離反しなかったのは、義に厚く、忠義者だったからではない。謙信に従属せざるを得なかったのだ。

彼らは在地的基盤の弱い新参者。謙信を背景にしなければ、とても城主の座は保てなかった。ここに、忠義者としてではなく、新参者という弱さを抱えながら、必死に一族を守ろうとする姿が浮かび上がってくる。

さて、天正十八年（一五九〇）八月以降、関東は新しい時代が幕を開ける。徳川家康が関東に入府。新たに羽生城主の座に就いたのは、大久保忠隣《おおくぼただちか》だ。

一般的に、忠隣は小田原城主として知られているが、それは父忠世の遺領を継いでからのこと。最初に家康から宛がわれたのは羽生城だった。

遺領を継いだ以降も、小田原城と羽生城を兼務していた。『寛政重修諸家譜』によると、羽生領二万石を与えられたという。

とはいえ、忠隣が羽生に足を運ぶことは一度もなかった。羽生領経営は専ら城代らに任せていた。その城代に鷺坂軍蔵《さぎさかぐんぞう》という者がいる。出家して不得道可《ふとくどうか》と名乗った。

道可は元羽生城主木戸忠朝の家臣だった。羽生城自落のとき、上杉勢とともに退出しなかったらしい。『新編武蔵風土記稿』によると、「浪人」していたが、大久保忠隣に仕え、亡き主君忠朝を追福するため、羽生領内の源長寺（羽生市藤井上組）を再興した。そのほか、富徳寺（同市南羽生）や源昌院（同市稲子）を開基したという。

道可は、文禄四年（一五九五）二月十八日に死去。道可亡きあとも、城代らが羽生領経営にあたった。忠隣は相変わらず羽生城を訪れることはなかったが、叔父の大久保彦左衛門忠教《ただたか》は羽生に住んでいた。

そんな大久保時代とも言うべき期間が慶長十九年（一六一四）まで続く。この年、忠隣は突如として改易になってしまう。これにより、羽生領は没収。羽生城は廃城となった。大久保時代の終焉であり、同時に羽生城時代も幕を下ろした。以降「城」として機能することは二度となかった。

このような歴史を持つ羽生城だが、城の遺構は何一つ残っていない。城の存在を伝えるのは、地名や古城天満宮の境内に建つ羽生城址碑くらいなものだ。昭和の時代まで遺構とも言うべき沼がいくつか残っていたが、いまは完全に埋め立てられてアスファルトに覆われている。羽生城址を訪ね、往古の姿を想像するのは難しい。しかし、想像力をかき立てられるところも、この城の魅力かもしれない。

羽生城を八十年以上研究し続けた冨田勝治氏は、明治四十二年（一九〇九）生まれだった。物心ついた頃には、すでに羽生城の遺構とおぼしきものはなかったらしい。

ぼくが初めて羽生城址を訪ねたときには、すでに住宅街と化していた。そして、ブレーキ会社の建物が、現代版の城のようにそびえ立ち、本丸や二の丸がどこなのかさっぱりわからなかった。夜に訪ねても、城の方から語りかけてくることもない。

生前、ぼくは冨田氏の書斎を訪ねる機会に恵まれた。四方を蔵書に囲まれたその部屋で、氏は九十五歳を過ぎてもなお研究を続けていた。あるとき脳年齢を調べたところ、四十代後半という若さだったらしい。「まだまだ知りたいことがたくさんある」と、よく言っていたのを覚えている。その飽くなき研究心や好奇心が細胞を若返らせ、高齢になってもカクシャクと研究を続けられたのかもしれない。

冨田氏の書斎こそが、まるで「羽生城」のようだった。造り付けの本棚には蔵書が隙間なく詰まっていて、羽生城史と冨田氏の人生を雄弁に語っていた。当時、羽生城について知りたかったら、氏を訪ねるのが一番だっただろう。氏が積み上げてきた研究の全てがそこにあった。その部屋こそ現代に甦った羽生城だったし、氏のもとへ訪ねることは、城内に入ることと同然だった。

ひたすら羽生城研究に邁進した冨田勝治氏は、平成二十年（二〇〇八）四月に亡くなった。享年九十九歳だった。「まだ死ぬわけにはいかない」。そう言った冨田氏の言葉が耳に残っている。最後の最後まで立ち止まることはなかった。

菩提寺の鐘に刻された「城主地を易えて越州に移居す」の銘に疑問を覚え、研究を始めたという冨田勝治氏。義に厚く、気一本だったのは、羽生城主よりも冨田氏その人だったのかもしれない。

古城天満宮（羽生市）

「忍城主のもう一つの顔は〝歌人〟だった？ ―忍城―」

戦国時代最後の忍《おし》城主は成田氏長《なりたうじなが》という男だった。忍城（埼玉県行田市）というと、石田三成ら豊臣勢の進攻を受け、水攻めにされても落ちなかった城としてよく知られている。その攻城戦のとき、成田氏長は忍城にいたわけではない。小田原城に入り、豊臣勢と対峙していた。

しかし、最後まで北条方として戦い抜こうとしていたわけではなかった。小田原城にありながら、山中長俊を介して豊臣秀吉への寝返りを決めていた。

後北条氏の勝ち目はないと踏んだのだろう。後北条氏に見切りを付け、合戦後に及ぶ影響を最小限に食い止めようとしていた。

成田氏長という男。かねてより冷静に状況を見極め、一族の生き残りを図ってきた人物だった。後北条氏と上杉謙信が関東を舞台に火花を散らしていた頃は、巧みに従属と離反を繰り返していた。

成田氏長は、武闘派の気質ではなかったように思う。武人というよりも文化人。戦場を駆け抜けるよりも、書物に触れ、歌を詠むといった文化人的気質の方が強かったのではないだろうか。

しかし、戦国乱世を生き抜いてきた男である。根っからの反武闘派というわけではない。戦場で敵と激しく衝突することもあった。策を巡らし、ときには実の父親を城から追放することもあったのだ。

氏長が忍城主となったのは、上杉謙信と後北条氏との戦いが激化していた頃だ。『成田記図』などの資料によると、永禄八年（一五六五）頃に父長泰を追放し、忍城主になったという。

その理由について、長泰が享楽に耽り、氏長に家督を譲る気がなかったからと記録等は綴っているが、政治的な方針を巡っての対立があったのだろう。すなわち、上杉氏に付くか、それとも北条方かという方針の違いだ。

ただ、永禄六年（一五六三）に比定される謙信の書状には、武田信玄と北条氏康が金山城（群馬県太田市）に向かっているため、その援軍として成田氏長が羽生城（埼玉県羽生市）に移るよう命じられている（「富岡家文書」）。このときすでに氏長に家督が譲られていたとすれば、やはり父長泰の追放は政治的方針を巡っての対立によるものと見られる。

ちなみに、その後成田父子は和解が成立している。袂を分かったままいがみ合っていたわけではない。長泰は龍淵寺（埼玉県熊谷市）に隠居し、そこで剃髪する。長泰の墓碑は、現在も龍淵寺の境内にたたずんでいる。

忍城主となった成田氏長は、上杉氏と後北条氏の戦禍に巻き込まれながら、一族の生き残りをかけて懸命に動き出していった。永禄六年（一五六三）には後北条氏から離れ、上杉方に従属。そのため、永禄八年（一五六五）には北条勢の進攻を受けている。「長楽寺永禄日記」によると、忍領でしきりに鉄砲の音が響いていたという。

永禄九年（一五六六）には、上杉謙信から軍役が課せられている。成田氏に課せられたのは二百騎。これは唐沢山城主佐野氏と同等であり、関宿城主簗田氏の百騎よりも多い。

成田氏の従属なくして武蔵国経略は成し得ない。謙信も北条氏康も、かねてより成田氏の存在はひと目置いていた。

そんな成田氏は、永禄九年の上杉謙信の臼井城（千葉県佐倉市）攻めの失敗を機に、再び後北条氏に付く。このときは多くの国衆が謙信から離れている。成田氏だけが例外というわけではなかった。これ以降、基本的には成田氏は北条方として動いていくことになる。

元亀二年（一五七一）の越相同盟破綻後は、上杉氏に従属し続ける羽生城への攻略に乗り出していく。元亀三年頃にはすでに羽生勢との衝突があり、氏長はこれを打ち散じたという（「吉羽文書」)。

羽生領接収は、成田長泰、氏長父子にとって宿願だった。羽生城は終始一貫して上杉方だったため、謙信を見限った氏長にとって躊躇はない。

この宿願が叶うのは、天正二年(一五七四)閏十一月のことだ。羽生城の維持が望めないと判断した謙信は、城を破却して城兵を引き取る。実質的な羽生城陥落だった。

この自落によって、武蔵国における上杉勢力は完全に撤退する。羽生領は成田氏に接収された。これにより、騎西領、本庄領、忍領を合わせた広大な領地を有するようになり、武蔵国随一の国衆へと成長したのである。

ところで、武人として働く一方で、氏長は歌人の一面を持っていた。元々成田氏は歌道を好む一族だ。古くから歌人との交流を持ち、忍城内で歌会を催すことはしばしばあった。その血は氏長にも流れている。歌に寄せる想いは強く、それは父長泰や祖父親泰《ちかやす》以上だったかもしれない。

羽生城が自落した天正二年以降、合戦の火種は残っていたものの、とりあえず利根川沿線の地域が戦場と化すことはなくなった。敵対する羽生城との緊迫情勢が消えたことで、書物や歌に触れ、また文化人たちと交流を持つ機会が増えたのだろう。

天正八年(一五八〇)には、連歌師の里村紹巴《さとむらじょうは》が氏長に対して『源氏物語細流抄』を二十冊贈っている。この書物は、三条西公条《さんじょうにしきんえだ》の講釈を紹巴が聞き書きしたもので、成田氏長が「懇望」したため許可を得て贈ったという。

また、天正九年(一五八一)頃だろうか。氏長は京の歌人荷月斎(冷泉明融)に歌書を送った。同時に選歌をしてほしいとの依頼をしている。京の歌人との親密な交流がうかがえる。なお、年代は不明だが、氏長は伊勢の連歌師村岡玄佐を関東に呼び寄せている。玄佐は妻子を連れて下向したらしい。氏長は、家臣の長野氏に村岡妻子を迎えるよう命じている。

天正十年(一五八二)には、商人の「宗治」が関東に下向。顧客である氏長と面会している。このとき宗治は和歌五首を遣わした。すると、氏長自身も歌を詠んだという。歌は文化的嗜みである一方で、商売の取引等でも使われていたのかもしれない。

そんな氏長は、忍領内にてしばしば歌会を催していた。『成田記』によれば、天正十三年(一五八五)の春に、京から小田原に下向した兼如《けんにょ》が成田氏長のもとを訪問。氏長は早速連歌会を催した。

「山風もつつめる袖か朝霞」の兼如の発句のあと、「とめ行道は深梅か香」と氏長が続く。大いに盛り上がったらしい。連歌会で歌を詠む氏長は、武人というより文化人としての顔である。政治的な一面があったとしても、純粋に連歌会を楽しんだのではないだろうか。

兼如はその後も忍領に滞在していた。季節折々に連歌会を催し、文人とともに歌を詠んでいた。文人が忍城を訪れれば氏長は大いに歓迎し、歌会を催していたようだ。歌会が終わったあとは宴で交流を深め、詠んだ歌は京の里村紹巴のもとに送り、点を求めたと『成田記』は記している。

天正十五年(一五八七)の春、成田氏長は氏神の春日大明神を参詣。「むすへ猶霜の花咲神の春」と氏長が発句を詠めば、随従の連歌師園生随伝や小姓の桂千菊がそのあとに続いた。

このように、氏長は領地経営の傍ら、文化人や商人たちと交わりながら歌を嗜《たしな》んでいた。京から遠く離れた北武蔵の地にあって、文化的な一面を見せる氏長の姿を意外に思う人もいるかもしれない。

実は、忍城と対立していた羽生城主木戸氏も、歌に造詣の深い武家歌人だった。成田氏と火花を散らしていた頃は歌どころではなかったが、その前後に生きた木戸範実《きどのりざね》と木戸元斎《げんさい》は武家歌人として知られている。

木戸氏の祖先には、木戸孝範《たかのり》という人物がいる。この孝範は、享徳の乱のとき、足利政知《まさとも》に従って下向してきた武人だが、「無双の歌人」(『鎌倉大草紙』)とも言われていた。

この血を受け継いだ範実は、独自の歌学を収得。それは、冷泉流と二条流を統合した歌学だったという。何冊かの歌書も著しており、この範実のときに羽生に城を構えたと見られているが、武人というより歌人の呼び名の方がふさわしい。

木戸元斎は羽生城主木戸忠朝の二男だ。羽生城が自落した天正二年以降、上野国に身を置いたが、のちに越後に赴く。そして、深い教養を持つ直江兼続《なおえかねつぐ》と昵懇の仲になったこともあって、歌人としての才を大いに発揮した。越後歌壇に多大な影響を与え、兼続と軍事行動をともにすると同時に、武家歌人として活躍している。

歌に関心を寄せる成田氏長が、木戸氏の歌学を知らなかったはずはない。政治的に見れば敵対同士だったが、歌人として見たとき、氏長の目に木戸氏はどう映っただろう。ライバル視していたのか、それとも合戦を忘れ、一度はともに歌を詠みたいと思っていたのか……。

いずれにせよ、気になる存在だったに違いない。もし戦国乱世でなかったならば、歌人として交流を持っていたかもしれない。

成田氏長は天正十八年（一五九〇）に転機を迎える。豊臣秀吉の小田原城攻めにかかる出陣だ。氏長は忍城を出て、本城の小田原城に駆け付けた。『成田記』には、老臣たちを前に、「つたない戦さをして上方武士に笑われ、家名を汚すことなかれ」と、意気揚々に語る氏長が描かれている。

忍城は、成田泰季や長親らが守ることとなった。それに対し、忍城攻略に向かったのは石田三成ら二万の大軍だった。館林城を攻略した三成は、忍城も簡単に落とせると踏んでいた。

ところが、忍城は抗戦の構えを崩さず、降伏しようとしない。また、自然要害に阻まれ、思うように戦果が得られない。二万の大軍といえども、無理に攻めれば自軍の犠牲が増えていくばかりだ。

そこで、水攻めを決行。忍城の周囲に堤を築き、利根川と荒川の水を引き込んだ。この堤を「石田堤」と言い、いまもその一部が残っている。

水攻めを受けた忍城だったが、それでも城は落ちない。小田原城に籠る成田氏長は、山中長俊を介して豊臣方に降ろうとしているのに、城兵たちは合戦を続けていた。

やがて、豊臣秀吉の圧倒的軍事力に屈した後北条氏は、ついに小田原城の開城を決意。本城が落ちては援軍が得られない。北条方の関東諸城もことごとく落ち、残るは忍城だけとなってしまう。

果たしてこのとき成田氏長が忍城にいたならば、どんな行動をとっていただろう。秀吉に降ろうとしていた氏長である。早々と開城に踏み切ったかもしれない。水攻めを受けることもなく、石田三成は胸を張って帰陣したのではないか。

忍城は、天正十八年（一五九〇）七月十四日に開城となる。五代続いた後北条氏は小田原合戦によって没落。北条方として戦った成田氏もその影響から免れない。

忍城とその領地は没収され、氏長は蒲生氏郷《がもううじさと》の預かりの身となった。実質的な成田氏の没落だった。北武蔵において、独自の勢力を築いてきた成田氏だったが、新しい時代の到来と同時に、忍城からの退出を余儀なくされたのだった。

しかし、成田氏長はしばらくして復活する。「哀れな末路」を辿ったわけではない。むしろ忍城から離れたことによって、己を縛るものから解放されたと言っていい。

蒲生氏郷の預かりの身となった氏長だったが、天正十九年には烏山城《からすやま》（栃木県那須烏山市）三万七千石の城主として取り立てられる。

再スタートだ。新たな城主として領地経営に意気込むところだろう。忍城主時代とは違う夢を描いてもおかしくはなかった。

ところが、氏長の姿は京都にあった。再スタートを切ったのは、「領主」としてではない。「歌人」として第二の人生を歩もうとする姿がそこにはあった。

もしかすると、氏長はもう二度と「領主」や「城主」にはなりたくなかったのかもしれない。生まれたときから城主としての運命を背負い続けてきたのだ。その運命から逃れ、自分が本当にやりたかったことをやる。運命に縛られない生き方をする。烏山城の領地経営を弟の泰喬（泰親）に任せ、京で催される歌会に参加する氏長にはそんな解放感すら感じられる。

京における氏長は、各文人たちと交流を図った。歌会を通して、里村紹巴、飛鳥井雅継、細川幽斎、直江兼続、最上義光らと顔を合わせ、歌を楽しんでいた。

そこには政治的というより、著名人たちと肩を並べ、純粋に歌を楽しむ氏長がいた。心穏やかに、ときを過ごしたのではないだろうか。

ちなみに、文禄三年（一五九四）の「懐旧百韻」と称される歌会では、成田家の退出後に忍城を預かった松平家忠《まつだいらいえただ》も参加していた。氏長にとってはやや複雑な気持ちが想像されるが、実は以前より家忠とは交流を持っていた。

また、京にあって興味深い対面があった。それは木戸元斎との対面だ。天正二十年（一五九二）八月八日に催された「懐旧百韻」に、両者は顔を合わせている。いわば、宿敵同士の面会である。一体、両者はどんな顔をしただろう。言葉を交わすことはあったのだろうか。その胸中には、どんな想いがよぎったのか……。

とはいえ、時代はすでに変わっている。北武蔵の領地をめぐって争う時代はとっくに過ぎ去っている。仇敵の実感は湧かなかったかもしれない。

人の運命などわからないものだ。まさか、京の歌会で顔を合わせようとは想像もしていなかったに違いない。もはや、敵も味方もない。忍城は松平忠吉《まつだいらただよし》が入り、羽生城は大久保忠隣《おおくぼただちか》に与えられている。上杉謙信と後北条氏が戦っていた時代は古く、新しい時代の到来を噛みしめていたはずだ。

そのとき氏長と元斎の胸に飛来したのは、かつて過ごした北武蔵の地だったろうか。その心に、忍城や羽生城の姿が思い浮かんだかもしれない。二人がその後も交流を持ったのかは定かではないが、言葉より饒舌な会話がなされたように思う。

かくして、京で多くの時間を過ごしていた成田氏長は、同地にて死去する。紫野という場所で荼毘にふされたという。ときに文禄四年（一五九五）十二月十一日のことだった。京での氏長の死は、めまぐるしい時代の移り変わりを象徴していると言える。

北武蔵に生きた武将といえども、高い教養を持ち、京の文人たちと交流を持っていた成田氏長。決して、非文化的で教養がなかったわけではない。むしろ、そちらの道に進みたかったのではないだろうか。

武将たちは戦いに明け暮れていたわけではなかった。ときには文化に親しみ、ほかの文化人とも交流を図っていた。例えば、幸手城主（埼玉県幸手市）一色直朝《いっしきなおとも》なども文化人であったことが知られている。歌だけではなく、絵にも優れており、高い教養の持ち主だった。

成田氏長について言えば、歌会や文化人との交流に政治的要素があったにせよ、少なからずの興味と高い教養を持ち合わせていたことは間違いない。忍城は文化城の一面があったと言える。合戦に明け暮れる日々とは別のひとときがあった。

さて、現在の忍城跡には三階櫓が建っている。見るからに「城」を思わせる景観である。

しかし、このような櫓が建つのは近世に入ってからのことだ。成田氏時代の忍城は天守閣めいた櫓はなく、石垣もなかった。天然の沼を背景に、島のような曲輪《くるわ》が連なり、まさに二万以上の豊臣勢を寄せ付けない要害の地だった。

永正六年（一五〇九）に忍城を訪れた連歌師の柴屋軒宗長《さいおくけんそうちょう》は、その著書『東路のつと』の中で次のように記している。

水郷也、館のめくり四方沼水幾重ともなく蘆の霜かれ
廿余町四方へかけて、水鳥おほく見えわたりたるさまなるへし

まさに、大沼に浮かぶ城のようだった。「蘆の霜かれ」や「水鳥」といった細部が、当時の忍城をリアルに伝えている。この自然要害が、上杉謙信や北条氏康の軍勢をも寄せ付けなかった。

現在、この沼を目にすることはできない。多くは埋め立てられ、アスファルトに覆われている。水城公園の池が、かつて忍城を覆っていた沼の名残と言われる。

遺構は少ない。本丸の土塁の一部は残っているが、行田市立郷土博物館の駐車場となっている。行田市街を歩けば、かつての跡地を伝える石碑が多く建っている。その石碑によって、往時を偲ぶことができるが、何もなければ通り過ぎるだけである。強いて言えば、クランクした路地や、ゆるやかにカーブした道などがかつての城下町をうかがわせる。それも「城」という

視点を持たなければ、なかなか気付きにくい。

ちなみに、水郷の風景は古くから文人たちを刺激してきた。古代の頃より文人が歌を詠み、北埼玉の情景を鮮やかに切り取ってきた。明治時代には、田山花袋《たやまかたい》が羽生や行田を舞台にした小説『田舎教師』を書いている。

彼らは情緒に訴えかけてくるものを捉え、筆を執り、文にしたためている。書かずにはいられなかったのだろう。自然と文を作りたくなるような文学的衝動が北埼玉にはある。そう言ったら、いささか大げさだろうか。忍城主成田氏長も、そんな文学的衝動に歌を詠み、親しんでいたのかもしれない。

石田堤（行田市）

III

神社仏閣編

「源頼朝の旗掛け伝説の残る神社とは？　─須影八幡神社─」

須影《すかげ》八幡神社（埼玉県羽生市）は、南羽生駅から徒歩三十分くらいのところにある。羽生市立須影小学校のすぐ裏手に鎮座していて、小学校を目印に向かうのがわかりやすい。

かつて、境内に大きな黒松が立っていた。須影のどの場所にいても見えた黒松だった。だから、かつての参詣者は黒松を目印にして向かったのだろう。「源頼朝の旗掛けの松」とも呼ばれ、須影八幡神社の象徴的存在だった。しかし、昭和の終わりに伐採され、その雄姿を望むことはできない。

須影八幡神社の祭神は誉田別命《ほんだわけのみこと》と菊理姫命《くくりひめのみこと》のほか計四神が祀られている。「須影村」の鎮守であり、いまも地域の人々からの信仰は厚い。この神社がいつ創建されたのか、詳しいことは伝わっていない。かつて境内にあった黒松が「源頼朝の旗掛けの松」と呼ばれていたことを考えれば、創建は鎌倉時代まで遡ることになるが、それを決定付けるものはない。

特別な神社、というわけではない。崇拝する人にとっては「特別」だろうが、観光客が押し寄せてくるわけではない。パワースポットとして、若い女性に注目されているわけでもない。

須影八幡神社本殿（羽生市）

しかし、須影八幡神社を訪れたとき、一際《ひときわ》目をひくものがある。それは、本殿に施された彫刻だ。力強くも美しい彫刻が、本殿の両側面と背面に施されているのだ。ひと目見て、思わず立ち止まってしまう人も少なくないだろう。

背面は「神功皇后縁起」、西側面は「七福神」、東側面は「大蛇退治」「八幡宮地形つき」がモチーフとなっている。棟札によると、この彫刻を施したのは、石原恒蔵主利と入江文治郎茂弘という彫物工だ。

まるで、社殿から飛び出してくるようなリアリティがある。躍動感もある。見事な彫刻だ。実は、ぼくは幼い頃からこの彫刻を目にしていた。歴史のことは何もわからなかったが、彫刻にはいつも目を奪われていた。

誰が、いつ、なぜこのようなものを作ったのだろう？　のちに大人になって郷土史に興味を持つようになったのも、幼い頃に須影八幡神社の境内で覚えた疑問が少なからず影響している気がする。

彫刻を作ったのは石原氏と入江氏だが、社殿の設計と建築は別の職人による。本殿を手がけたのは、羽生の本川俣に住む三村正利《みむらまさとし》という工匠である。その息子の「三村吉左衛門正弘」も携わっている。

三村家は歴代名匠の家柄だ。不動岡總願寺不動堂（埼玉県加須市）や板倉の雷電神社（群馬県邑楽郡板倉町）の社殿などの建築に携わっている。正利の弟で、林家に養子に入った昌道は、聖天山歓喜院（埼玉県熊谷市）の貴惣門を手がけたという。

そんな名匠三村家が携わった須影八幡神社は、拝殿が安政六年（一八五九）、本殿が慶応元年（一八六五）に完成した。一つの歴史的建築物だ。何の変哲もない神社に見えても、妙な存在感を放っているのは、職人たちの技が光っているからなのだろう。

ところで、かつて境内には大きな黒松があったと先に述べた。この黒松が虫害によって伐採されたのは、昭和六十一年（一九八六）のことである。惜しまれながら姿を消した。それは、須影の象徴の一つが消えたのも同然だった。

黒松は長い間須影の歴史を見続けてきた。歴史の目撃者と言っていい。江戸時代に生きた鴻巣の地誌家で、『武蔵志』を著した福島東雄《ふくしまあずまお》は、須影八幡神社の黒松を実際に目にしたらしい。『武蔵志』の中で「社内ニ松ノ古木アリ美ナリ」と記している。

そう、美しい松だった。天へ突き抜けるかのごとく、真っ直ぐそびえ立っていた。

明治の文豪田山花袋《たやまかたい》は紀行文「東武鉄道」の中で、電車の窓から小松神社に立つ一本杉が見えたと記している。ついでに須影八幡神社の黒松も見えたはずだ。田山花袋の義兄で新体詩人の太田玉茗《おおたぎょくめい》も、黒松を目にすることはあっただろう。

『羽生市史』によれば、黒松の高さはおよそ三十メートル。目通り周囲は四・三二メートルで、根回りは六メートルに及んだ。

須影の黒松は、なぜこうも大きくなったのだろう。伝説のごとく、源頼朝は本当にこの松に旗を掛けたのだろうか。

前述の通り、須影八幡神社の創建は定かではない。ただ、須影は古くから拓けていたらしく、多くの板碑《いたび》が確認されている。また、『羽生市史』によると、葛浜氏（葛瀬氏）という御家人がいて、「須影、神戸を中心にその館址があったろう」と述べている（『騎西町史』では、旧騎西町上崎・下崎を比定）。

須影に隣接する神戸《ごうど》には、かつて神戸三郎という者がいたという。いつの時代を生きた人物かは定かでないが、神戸明神社はこの者の霊を祀ったと伝えられる。なお、『新編武蔵風土記稿』によれば、神戸にはかつて萬蔵院というお寺があって、神戸三郎の妻が亡き夫を追福するために造立したとあることから、神戸三郎とは領主的な存在だったことがうかがえる。この者も源頼朝に仕える御家人だったのだろうか。

推測の域を出ないが、須影の地は古くから拓け、鎌倉時代に源頼朝に仕える武士が治めていたのだとしたら、この頃に八幡神社を勧請する気運が高まっていたのかもしれない。

さて、須影八幡神社の黒松にまつわる伝説は二通りある。一つは源頼朝に関するもの（①）。もう一つは弁慶に関するもの（②）である。

①については、奥州征伐に向かう途中、源頼朝が須影八幡神社に立ち寄り、戦勝祈願に松に旗を掛けたという。以来、源頼朝の旗掛けの松と呼ばれるようになった。

②では源義経を追う弁慶が、須影八幡神社に立ち寄った。主君の無事を祈り、神社から立ち去るそのとき、弁慶は使っていた杖を境内にさして去った。ところが、やがてこの杖が巨大な黒松に成長したという。また、弁慶の残した大きな足跡は池となって、神社周辺の田んぼを「あしっこ田」と呼んでいる。

いずれも伝説である。物語として触れると面白い。真偽はともかくとして、このような伝説が語られるということは、黒松が地域に親しまれ、かつ崇拝されていたからだろう。

残念ながら、この黒松は現存していないが、実は羽生市立図書館・郷土資料館の入口に展示されている。輪切りになった黒松の一部が何気なく置かれているのだ。そこには年輪がはっきりと刻み込まれている。この黒松が生きた証だ。

年輪を数えてみると、意外な事実に突き当たる。鎌倉時代まで遡れないのだ。江戸時代初期にはあったようだが、源頼朝や弁慶の時代までは遡れそうもない。例えその頃立っていたとしても若木。幼な子のような松に、頼朝がわざわざ旗を掛けるだろうか。

黒松にまつわる伝説は後世に付された可能性が高い。源頼朝や弁慶といった歴史的有名人と結びつけることで、由緒ある神社ということをアピールしたかったのかもしれない。あるいは、布教者などから聞いた話を、多少のアレンジを加えながら伝えたのかもしれない。

かつて、神さまに降臨していただくとき、ご神木を依り代として旗を掛けたという。

須影八幡神社でもそのような儀式が行われていたとする。その依り代としていたのが、境内に立つ松だったのではないか。旗を掛け、神さまをお呼びしたのではないか。そして、それが源頼朝の旗掛け伝説と結びついたのだろう。ぼくはそう考えるが、たなびく旗の光景は想像の中である。

昭和五十四年（一九七九）生まれのぼくは、須影八幡神社にそびえ立つ黒松を実際に目にしたことがある。松の枝が空を掴んでいるかのようだった。幼いぼくの目に映る黒松は迫力満点だったし、かつ優しかった。

樹高三十メートルの黒松。そこまで成長した理由について、『羽生市史』は「昔、利根川乱流により、水が十分吸収できたものと思われる」と述べている。

一度でも須影を訪れたことがあるならば、「利根川乱流」と聞いてもピンとこないと思う。現在、利根川は須影を流れていない。羽生市域の北を流れているが、須影からは遠い。利根川とは無関係な地域に思える。

ところが、歴史を繙けば意外な事実が見えてくる。実は、かつて須影に利根川が流れていた時代があったのだ。須影でも、利根川の雄姿を見ることができたのである。

『新編武蔵風土記稿』を繙くと、須影村の小名に「渡川」という名が見える。かつての渡船場跡だという。そこに渡し場があり、舟で川を渡っていたのだろう。現在は田んぼが広がり、民家がポツリポツリ建つ場所だ。そこに川が流れ、渡し場があったことなど想像もできない。

なお、同書では「昔會ノ川、ここにかかりし頃」とある。「會ノ川」とは利根川を指す。現在もその名で呼ばれる川が流れているが、これは利根川の旧河道である。羽生市の川俣で分かれた利根川の一つが会の川であり、現在の羽生市域の東をなぞるように流れていた。この会の川が羽生領砂山村で三つに分流。その内の一つが須影に流れ込んでいたと見られている。

往古の利根川は八百八筋だった。どれが本流なのかわからないほど複雑に、好き勝手に流れていた。大雨が降ればたちまち増水し、暴れ回る。水が引いたとき、流路が変わっていても珍しくなかっただろう。

ゆえに、須影に利根川が流れ、いつの間にか姿を消したのも全て自然のことであり、人の意志によるものではなかった。いまでこそ大河は流れていないが、利根川乱流時代にはその影響を大きく受けていた。

注意深く須影を歩いてみると、砂地が多いことに気付く。それもまた、かつての利根川の営みによるものだ。須影中学校跡の校庭が、妙に水はけがいいのも砂地のためだろう。前日に雨が降っても、翌日に中止にならない少年野球にがっかりしたことは一度や二度ではない。須影公民館の前には、砂地に強い赤松が立っている。

なお、次第に姿を消しつつあるが、須影には砂丘が見られる。これは、利根川が運んできた砂が季節風（赤城颪《あかぎおろし》）によって吹き寄せられてできた河畔砂丘《かはんさきゅう》である。古利根川沿いに形成されており、須影地区の砂丘も利根川の営みによるものだ。

最もわかりやすいのは須影共同墓地のある砂丘だと思う。共同墓地は、小高い丘の上に位置している。この丘こそかつて利根川と季節風が作り上げた河畔砂丘だ。地面を見れば当然のごとく砂、砂、砂……。

この共同墓地以外にも須影の河畔砂丘はいくつか残っていた。民家の裏にこんもり茂る屋敷林は、河畔砂丘の上にあることも珍しくなかった。

しかし、時代とともに屋敷林は伐採され、同時に河畔砂丘も消滅した。それは仕方のないことだろう。とはいえ、「歴史の証言者」の消滅は寂しさがつきまとう。

また、これも消えつつあるが、一段低くなっている田んぼがある。この田んぼがかつての利根川の旧流路跡に比定される。川が流れなくなって以降、水田として使用された。

須影は、旧流路跡という低い土地と、河畔砂丘・自然堤防という高い地が入り組む地域だ。そのため、江戸時代における須影村の田畑の割合は半々だった。低い場所を田んぼとし、高い土地を畑として利用していたのだ。

そもそも、須影という地名も利根川が関係している。『埼玉県地名誌』によれば、須影の「ス」は利根川の流れによってできた自然堤防を指し、「カゲ」は後方・北方の意味があるという。すなわち、須影は「自然堤防の後方にある村」という意味になる。

このように、利根川と須影は深い関係がある。その名残は姿を消しつつあるが、利根川が流れていたことを静かに物語っている。

利根川の乱流時代に、須影八幡神社の黒松があったとは思えない。黒松が芽生えたとき、利根川はすでに姿を消していた。しかし、地中の伏流水を吸収して、スクスク育ったのかもしれない。そして、村人たちに見守られ、巨木へと成長していったのだろう。

繰り返して言うが、黒松は須影の歴史を見続けてきた。目まぐるしく支配者の変わる江戸時代や激動の幕末。その後押し寄せてきた近代化の波や、昭和の高度経済成長期など、物言わず見つめ続けていた。また、村人も神社を参拝し、高くそびえ立つ黒松を見守り続けた。

ちなみに、須影八幡神社を管理していたのは、蓮華寺《れんげじ》というお寺だった。真義真言宗のお寺で、月光山清浄院と号した。三村正利・正弘父子などによる八幡社の改築は、大貫潮元という者が同寺住職だった時代だ。

蓮華寺は明治期のはじめに廃寺となったが、立派なお寺だったらしい。現存する歴代住職の墓碑を見るに、かつての隆昌が偲ばれる。

蓮華寺を詣でたあと、八幡神社を参拝し、近くにあった湯屋に入るのが人気だったという。村人はもちろんのこと、近郷から多くの参拝者があったに違いない。

しかし、時代は流れて蓮華寺は廃寺。かつての賑わいはなくなった。参拝したあとに湯屋へ行ったことなど、「伝説」にさえ聞こえてしまう。

明治四〇年（一九〇七）には、村内に鎮座していた各神社が須影八幡神社に合祀される。しかし、愛宕神社だけは厄災を恐れて元の場所に戻した。

時代は目まぐるしく変わっていったが、黒松はその後も生き続けた。関東大震災で倒れることもなければ、太平洋戦争で戦火にあうこともなかった。

終戦後、到来した高度経済成長期によって、景色はどんどん変わっていく。新しい家が建ち、川は護岸され、道はアスファルトに覆われていく。屋敷林も伐り倒され、河畔砂丘も切り崩されて平らになった。

昭和五十四年（一九七九）に生まれたぼくは、河畔砂丘や一段低くなった田んぼ、八幡神社の黒松をかろうじて目にすることができた。とは言っても、それらが歴史を物語る証言者と知るのは大きくなってからのことだ。知ったときにはすでに景観は大きく変わっていた。

須影は急速に変貌している。大型ショッピングセンターが平成十九年（二〇〇七）に完成してからというもの、その変わり様は凄まじい。新興住宅が次々に建ち、道路は拡張され、以前は車一台通るのがやっとだった細い道が渋滞をおこしている。カブトムシやクワガタがたくさん捕れた里山も大部分が姿を消し、利根川の旧流路跡の田んぼも盛り土されて高くなった。

時代の移りゆく様を目の当たりにしている思いがする。かくもこのように変貌を遂げ、同時に歴史的なものが失われていくのか、と……。

須影共同墓地のある河畔砂丘からは、大型ショッピングセンターがよく見える。巨大な建物、ひっきりなしに出入りする車、夜になれば煌々と灯る明かり。その光は、須影全体を照らしているような気がする。お墓に眠る人が見たら、腰を抜かすほど驚くのではないだろうか。

そんな新しい時代の到来を喜ぶ一方で、少しの寂しさもある。新しくなることを否定するつもりはない。昔に戻りたいとも思わない。戻ることは不可能だ。

しかし、だからと言って歴史をないがしろにしてはいけないとも思う。歴史を見つめ、それを知ってこそ新しい発展がある。目まぐるしく時代が変わるからこそ、失ってはならないもの、語り継いでいかなければならないものがある。新旧の入り乱れる須影の地に立つと、そのことを思わずにはいられない。

今日も変わらず鎮座している須影八幡神社。時代の変化をどう感じているのだろう。景観はどんどん変わっているが、神社は今日も物言わず須影を見守っている。

「羽生領の総鎮守はどんな神社？　――小松神社――」

　羽生市小松に鎮座する小松神社は「羽生領七十二ヶ村の鎮守」だ。現在の羽生市域のみならず、そのほか「羽生領」に属する村々にある神社の上に立つ存在だった。

　そのせいか、この神社には独特の魅力がある。鎮守だったため、歴史的人物がかかわっているということや、江戸時代には湯立て神楽《かぐら》が盛んだったことなどが挙げられる。

　とはいえ、神社の存在を知らない羽生市民がいたとしてもおかしくはない。立派な神社だが、興味のない人の目には、どこにでもあるごく普通の社《やしろ》に見えると思う。

　ちなみに、実はこの小松神社は、最初からその名で呼ばれていたわけではなかった。『新編武蔵風土記稿』

に表記されているのも、「熊野白山合社」。かつては、熊野神社と白山神社と小松明神を合わせて「小松三神社」と呼ばれていた。それが小松神社と改称されたのは、明治時代になってからのことだ。

呼び名が異なるとその印象も違う。小松神社の呼び名で親しまれているいま、「小松三神社」や「熊野白山合社」と聞いてもピンとこない人がほとんどだろう。全く別の神社のように聞こえるから不思議だ。

さて、小松神社がいつ創建されたのかは定かではない。言い伝えによると、ヤマトタケルノミコトが東征の途中にこの地で休憩し、小祠を建ててイザナギノミコトとイザナミノミコトを祀ったのが最初だという。のっけからヤマトタケルの登場だ。興味深くはあるが、それを史実と捉えることはできない。

小松では、埋没古墳の存在が確認されている。古くから拓けた土地であり、人々が暮らしていたのだろう。その頃、「熊野白山合社」と呼ばれておらずとも、その前身となる神が祀られていたのかもしれない。

ヤマトタケルの創建以来、名のある者たちがこの神社を参詣したという。その者たちとは、藤原宇合《うまかい》や高橋安麻呂、平貞盛や藤原秀郷、源頼信といった面々である。彼らは合戦のおり神社を参詣し、戦勝を祈願した。後世の創作である可能性が高いが、これだけの歴史的人物が登場するのは、さすがは鎮守さまといったところか。

なお、小松神社には平重盛《たいらのしげもり》伝説がある。平重盛と言えば、平清盛の嫡男として生まれ、武勇に優れながれも、性格温厚の人物として知られる。「小松神社由緒」によると、承安年間(一一七一～一一七五)に重盛から神領が寄進され、熊野社と白山社が勧請されたという。

境内には、重盛の遺骨が眠っているとの伝説がある。どこに眠っているかというと、境内に立つイチョウの木の下だ。この木は、別名乳イチョウと呼ばれている。乳房樹之記碑によると、平重盛が没したあと、平貞能という者が遺骨を持って関東に下向。常陸に隠した。

ところが、源氏が再興し、どんどん勢いを増していく。このことを懸念した貞能は、重盛の遺骨を持って武蔵国に入った。そして表向きには常陸に埋めたとし、実は羽生領小松の神社の境内に埋め、目印にイチョウを植えたと碑は伝えている。また、祠を建て、平重盛の霊を祀り、「小松大神」とした。

この伝説も歴史ロマンをかき立てる内容となっている。真偽は不明だが、この地が平家の荘園だったのと、「小松殿」と呼ばれていた平重盛が合わさって、このような伝説が発生したものと思われる。

その下に平重盛の遺骨が眠っているというイチョウは、いまも境内に立っている。文政年間(一八一八～一八三〇)には、周囲二丈五尺(約七・五メートル)あったとし、『新編武蔵風土記稿』

に掲載された熊野白山合社の鳥瞰図には、威風堂々と立つ巨木のイチョウが描かれている。

その昔、お乳の出の悪い婦人がこのイチョウに祈願すると、不思議とよく出るようになったという。乳イチョウの伝説は全国各地に分布していて小松神社だけに限らない。ただ、平重盛伝説と相まって熱心な信仰者がおり、わざわざ遠くから来る婦人もいたらしい。

ちなみに、『埼玉の神社』によれば、かつてお乳の出に悩む婦人に対し、神職が乳イチョウの小枝五、六本と糯米《もちごめ》もふかして寒ざらしにしたものを渡していた。小枝は煎じて食後に服用し、糯米は粥に入れて食べた。婦人たちの切実な願いを乳イチョウは叶えていたのだろう。その霊験によって出るようになったお乳を飲んで、スクスク育った子どもは多くいたに違いない。

乳イチョウは昭和の時代に落雷にあい、大きなダメージを被った。枯死してもおかしくはなかったが、その強靭な生命力でいまも境内に立ち、平重盛伝説を伝えている。

ところで、小松神社のすぐ近くに小松寺というお寺があった。真義真言宗のお寺で、平重盛を追福するために創建されたという。神社からやや北東に位置していた。

かつてここには、弘善という優秀なお坊さんがいた。「鶏足寺世代血脈」によれば、弘善は和歌を詠み、物事にさとりきった人物だったという。鶏足寺（栃木県足利市）二十八世の尊猷は、弘善に伝法灌頂をし、秘法口決を与えた。なお、上総国吉永の住人「照厳房慶誉」というお坊さんが弘善に帰依。小松寺で伝法灌頂を行った。

その名は遠くまで轟き、小松寺もよく知られたお寺だったのだろう。また学問が盛んで、多くのお坊さんが教えを乞いに足を運んだことは想像に難くない。

神社やお寺の近くには会の川（古利根川）が流れ、舟に乗って参詣する人もいたはずだ。一説に、小松という地名は、元々は「駒津」と表記したとも言われる。「駒」は舟や馬といった当時の交通手段を指し、「津」は近くを流れる川を意味するものだとすれば、舟運交通の要衝地と捉えることができる。そして、そこに鎮座する小松神社と小松寺。かつての小松は門前町のような賑わいを見せていたのかもしれない。

さて、その名を近郷に轟かしていた小松神社と小松寺だったが、戦乱の世を迎えると次第に衰えていく。訪れる者は少なくなり、やがて境内は荒廃し、祭器や法具、古文書類は散逸してしまう。かつての隆盛を知る者にとっては、目も当てられない有様だったのだろう。

そんな小松神社と小松寺を立て直そうと尽力した者がいる。その者とは、羽生城主一族である。

羽生城主広田直繁《ひろたなおしげ》と、その弟の木戸忠朝《きどただとも》が小松神社に三宝荒神御正体を寄進したのは、天文五年（一五三六）のことだった。三宝荒神は火伏の神として知られる。羽生領を背負って立つ若い二人が、戦火を避け、無事に領地を治めていけるよう願いを込め、寄進したものと思われる。

なお、彼らの父木戸範実《のりざね》は広田直繁とともに阿弥陀如来坐像を寄進。「小松神社由緒」によると、天文二十三年（一五五四）に小松神社の社殿を「羽生城主木戸伊豆守忠朝父子」が修理したという。

広田直繁は、長らく羽生城主としての存在を忘れ去られていた人物だ。範実・直繁父子が阿弥陀如来坐像を寄進していることから、社殿の修理も木戸忠朝ではなく、兄の広田直繁の方だったかもしれない。

このように、羽生城主一族は、小松神社と小松寺に対して積極的に働きかけていた。享和二年（一八〇二）に記した「小松神社由緒」をそのまま信じることはできないが、現存する三宝荒神御正体や、『新編武蔵風土記稿』に掲載された阿弥陀如来坐像の光背の銘から、ときの領主によって再興が進められていたことは確かだろう。

そこには、政治的な目論見もあったに違いない。羽生城主一族は古くからそこに住んでいたわけではなく、在地的基盤を強固に持っていなかった。古い歴史を持ち、人々の信仰を集める小松神社や、それを管理する小松寺に働きかけることで、領民の心を掌握する狙いがあったと思われる。

戦国時代に小松神社の再興は成らなかった。永禄三年（一五六〇）に上杉謙信が関東出陣を果たして以降、相模の後北条氏との戦いの火蓋が切って落とされ、羽生城を取り巻く情勢も慌しさを増していった。

そんな中、小松にはある武将がやってくる。小田原城主北条氏政《ほうじょううじまさ》である。上杉謙信に従属し、北条氏になびこうとしない羽生城に対し、氏政自ら出陣したのだ。そして、羽生領の小松に布陣。羽生城を直接攻めなかったが、小松神社には足を踏み入れたらしい。

というのも、天文五年（一五三六）に直繁・忠朝兄弟が寄進した三宝荒神御正体が、小田原にあるのだ。これは、北条氏政が羽生に来攻したときに、戦勝記念として三宝荒神御正体を持ち去ったと考えられている。氏政は羽生城を力攻めにして自ら犠牲を出すより、三宝荒神御正体を持ち去り、精神的ダメージを与えることで、自ら落城するか北条氏への寝返りを図ったのだろう。

このとき、北条氏政が具体的に小松神社や小松寺を荒らしたのかは記録に残っていない。あくまでも推測だが、三宝荒神御正体を持ち去ったくらいで、手荒なことはしなかったのではないか。放火され、灰燼に帰すこともなく、破却されることもなかった。人家に対しては乱妨狼藉があったかもしれないが……。

戦乱の世を経て、小松神社と小松寺は荒廃した。その様子を嘆き悲しんだのは、羽生領の正覚院《しょうがくいん》というお寺の十一世住職長雅上人だった。長雅上人は元和年間（一六一五〜二四）に隠居している。そして小松寺に入ると、再興に尽力。社殿や坊舎を建て直し、境内を整備した。次第にかつての景観を取り戻していったのだろう。いや、新しく生まれ変わったに違いない。

そのため、長雅上人は小松寺中興の「第一世の祖」と言われている。

慶安元年（一六四八）には、社領二十石が認められ、小松寺は正覚院の末寺となる。

ところで、小松神社と小松寺の境内には、何人かのお坊さんが屋敷を構えていた。そのお坊さんとは、法蓮坊、安養坊、善林坊、宝殊坊、不動坊、山本坊、明見坊の七人である。その内の五人はいつしか退転し、屋敷から姿を消した。残ったのは山本坊と明見坊の二人だった。

実は、この両家は、江戸時代に湯立て神楽を奉納していたことで知られる。近郷から依頼が来るほど活躍していたという。この湯立て神楽は「オヒッパ」と呼ばれていた。

湯立て神楽とは、四方に注連縄を張り巡らせた釜に湯をたぎらせ、そのまわりを舞うというものだ。湯を神に捧げるとともに、そこに集まった人々にも振りかけて清める。小松神社における湯立て神楽がいつから始まったのかは伝わってないが、元旦と七月十五日の例祭のときに奉納していた。

『埼玉の神社』によると、太鼓・笛・舞手が三人一組となって行い、山本坊・明見坊両家の女性が、千早と緋袴を着て舞ったという。舞いながら湯につけた榊で参詣者を祓い、演目には「祈願」「御幣舞」「天磐戸」「鈴子舞」「長刀行事」があった。

この湯立て神楽は出張依頼もあって、近郷の神社から乞われて湯立て神楽を奉納した。流行病や虫害による不作、伊勢参りの報告祭などに依頼があり、山本坊、明見坊の両家は出掛けていったという。

その神事を、毎回楽しみにしている参詣者もいただろう。いまで言う「追っかけ」もいたかもしれない。女性が奉納する舞いは、厳かであり、美しくもあったと思う。

この湯立て神楽は、大正時代まで奉納されていた。現在は、かつてそんな神事が行われていたことさえ忘れ去られている。小松寺も明治時代に廃寺となった。跡形もなくなり、もし関心を持たなければ、「小松寺」という言葉にぶつかることもない。

七人のお坊さんが構えていたという屋敷も面影すらない。そこにお坊さんが住んでいたことなど、信じられない思いがする。

『新編武蔵風土記稿』に掲載された小松神社の鳥瞰図を見ると、参道の両脇には樹木が林立している。鳥居が二基建ち、参詣者は樹木のトンネルを抜けるようにして、小松神社を参拝していたのだろう。

その名残とおぼしき松並木が現在も立っている。しかし、ほんの一部であり、木も若い。参道はアスファルトに覆われ、広々としている。参道の出入り口に建っていた鳥居は、東日本大震災によって倒壊してしまった。

なお、古老の話によると、かつて参道の両脇にはたくさんの石碑が並んでいたという。羽生領七十二ヶ村の鎮守として信仰を寄せられていた神社だ。多くの石造物があったとしてもおかしくはない。しかし、整備の際に片付けられたのか、現在の参道は「一般道路」に近い。

ちなみに、ぼくが小松神社を初めて知ったのは高校生のときだ。岩瀬に住む同級生の縁でその前を通り過ぎ、そこが「小松神社」という名と知った。むろん、歴史的なものは何も知らず、神社の一角に鎮座する弁財天の水堀に目がいっただけだった。

とはいえ、小松神社とは幼い頃に接点があった。祖母が亡くなったとき、お葬式に拝みに来たのは小松神社の神主さんだったのだ。

そう、お坊さんではなく、神主さん。羽生市内には、「神葬祭」を執り行う地区がある。ぼくの家はその地区に入っていて、お坊さんがお経を読むこともなければ、焼香をあげることもない。玉串を奉納し、音が出ないよう手を叩く真似をするのだ。

テレビなどで一般的に見るお葬式とは異なる。遺骨は共同墓地のお墓に埋葬されるものの、八月の施餓鬼等はない。神葬祭の地区で生まれ育った子どもは、お坊さんのお経を初めて耳にするのは、他地区での葬儀に参列したときだろう。

そんな神葬祭が、ぼくにとって小松神社との初めての接点だった。郷土史に足を踏み入れてからはますます身近になったし、それまでとは全く別の視点から見ている。

二十代半ばの頃、正月に羽生市内の神社を自転車で回ったことがある。そのとき最初に足を運んだのが小松神社だった。さすがに総鎮守というだけあって参詣者が多い。神主さんにお会いしてあいさつをした。

その後、市内のよく知られた神社から、そうでないマニアックなところまで自転車で巡りまくった。一人だけの神社巡りである。疲れたら境内のベンチで休み、ときには氏子さんが無料で配っている甘酒を飲み、参拝に来ているカップルや家族連れの列に並んで参詣したりした。

神社巡りは盛り上がり、次々に参拝していく。あとで知ったことだが、ハシゴ参りはよくないらしい。つまり、神社からほかの神社へとハシゴして参拝すると、神さまが嫉妬するというのだ。そんなことは露知らず、次の神社を目指して自転車を飛ばした。

そんな神社巡りでスタートしたその年は、良くもなければ格別悪くもなかった気がする。数々の神さまを嫉妬させたはずなのに、とりわけ悪くなく済んだのは、最初に総鎮守である小松神社を詣でたからなのかもしれない。

小松神社参道（羽生市）

「上杉謙信の祈願所と伝わるお寺は？　―不動院―」

羽生市名《みょう》の利根川土手下に、不動院というお寺が建っている。小さなお寺だ。墓地も小ぢんまりとしていて、注意深く気を配っていないと見過ごしてしまうかもしれない。羽生市民でも、このお寺を知っている人はどのくらいいるだろう。

そんなマニアックな不動院だが、一説によると、「上杉謙信の祈願所」と言われている。羽生市内には多くの神社仏閣があるが、上杉謙信の祈願所とされるのはこの不動院だけである。

なぜそのようなことが言われるようになったのだろう。一体この小ぢんまりとした不動院には、かつてどんなことが起こったのか？　火のないところに煙が立たないように、何かしらの歴史的背景があるはずだ。

不動院は真義真言宗のお寺で、不動明王を本尊としている。明王山と号し、天平五年（七三三）に行基によって創建されたと伝えられる。文化十五年（一八一八）に書かれた「当寺本尊不動明王略縁起」によると、本尊の不動明王は行基の手によって作られたという。すなわち、夢枕に不動明王が立ち、己の姿を刻んで安置するよう言ったので、相州雨降山大山寺（神奈川県伊勢原市）より取り寄せた木で不動明王を彫り、お堂を建てたと伝えている。

しかし、宝暦三年（一七五三）に火災にあい、本尊をはじめ寺宝は焼失。そのため、天平五年に行基が不動尊を創建したという証は全て失われたという。現在安置されている不動明王も行基作ではなく、宝暦三年の火災以降に作られたことになる。

ところで、不動院の墓地には、渋井越前という者の墓碑がある。正徳元年（一七一一）に、渋井甚濃右衛門吉忠が先祖百年忌のために建てたものだという。ということは、渋井越前は慶長十六年（一六一一）に没したことになる。いつ誕生したのかは定かではないが、当時の平均寿命が五十年とするならば、永禄四年（一五六一）頃に生まれたことになろう。

永禄四年は戦国時代末期であり、上杉謙信が関東諸将を引き連れて小田原城を取り囲み、また第四次川中島合戦が起こった年でもある。むろん、渋井越前が永禄四年以前に生まれていたならば、彼自身が上杉勢として小田原へ出陣したことも考えられる。

というのも、小田原城へ出陣した羽生勢の中に、「渋江平六良」という者がいた。「関東幕注文」に記載された「羽生之衆」の中に、その名が見えるのだ。

この渋江平六良こそ、渋井越前と同一人物の可能性が高い。すなわち、羽生領で生まれ育ったであろう渋井越前は同地に屋敷を構え、合戦のおりには羽生城主とともに出陣し、本城を支える一人であったことが考えられるのだ。

羽生城が上杉謙信に属したのは永禄三年（一五六〇）のこと。これ以降、上杉方の城として、後北条氏の勢力と激しく火花を散らしていくことになる。渋井越前はそうした時代に生き、羽生城の趨勢を目の当たりにしたのではないか。

この渋井越前は羽生領のどこに住んでいたのか？　不動院にその墓碑があるということは名《みょう》村（羽生市）だろう。江戸時代に福島東雄が編んだ地誌『武蔵志』は、名村の項に次のように記している。

古城　堀内ト云　越後謙信臣渋井越前居跡ナリ

渋井越前が住んでいた屋敷は「城」であり、「堀内」と呼ばれていたことがわかる。名村には堀の内と呼ばれる城があった。名の景観を知る者ならば、それは衝撃的な情報だ。

実際に足を運んでみればわかる。「城」らしきものは一切見当たらないのだ。北に利根川の土手が連なり、田園風景の広がる地域である。堀もなければ石垣もない。ましてや天守閣の「て」の字も見当たらない。

むろん、堀の内は大規模な城ではなかったと思われる。あくまでも本城は羽生城であり、堀の内はその出城だったのだろう。はじめから石垣や天守閣は存在しておらず、砦のような構えだった。

その堀の内は名村のどこにあったのか？『羽生ふるさと探訪』によると、不動院の東北付近はかつて深田で、田植えをするには板を敷かなければならなかったという。これが堀跡とすれば、堀の内は不動院近辺にあったのかもしれない。

利根川土手の拡幅工事により、景観は大きく様変わりした。堀の内が土手の下に埋まったとて何らおかしくはない。堀の内の位置については、いまだ推測の域を出ないと言わざるを得ない。

さて、『武蔵志』では堀の内を渋井越前の居跡としていたが、別の資料ではそれとは異なることが記されている。例えば、文化十五年（一八一八）成立の「当寺本尊不動明王略縁起」では、「芳場源五次郎」の名が見える。「堀の内」とは書かれていないが、戦乱の世に名村に城を築き、芳場源五次郎を城主として置いたとしている。

「渋井氏家譜」では、堀の内の城主として「栢場源五次郎吉家」の名が見える。羽生城主木戸忠朝の旗下であり、渋井越前の名はその家老として登場する。城主の栢場氏から見て、渋井越前は甥にあたるらしい。栢場氏と渋井氏は同じ一族ということがうかがえる。

なお、正徳三年（一七一三）十二月に書かれた「奉納管笛意趣書一通」では、名村城主として「萱庭源五次郎」の名が見える。源五次郎の子源光斎が所持していた笛を、斎藤氏が譲り受けたあと、名村の八幡宮に奉納したという内容だ。ここには渋井越前の名は出てこない。

このように三つの資料では、堀の内城主を渋井越前としていない。「芳場源五次郎」「栢場源五次郎」「萱庭源五次郎」と、城主に三人の名が見えるが、これは同一人物だろう。本書では、「渋井氏家譜」の「栢場源五次郎」を採りたい。

同資料によると、渋井越前は名を「吉元」と言い、法名を月照源心と言った。堀の内の家老を務めていたことはすでに触れた。城主栢場源五次郎とともに羽生城に仕えていた。

堀の内は利根川に面している。当時の本流は西を流れる会の川としているが、堀の内のそばを流れる利根川はすでに水流激しく、北から攻め込んでくる敵のおさえとして、監視の役も担っていた。

永禄四年の小田原城攻めに参陣したとおぼしき渋井越前だったが、その後の動きははっきりしない。資料にその名を見せるわけではなく、羽生城主から与えられた文書等もいまのところ発見されていない。しかし、常に羽生城の動きに従い、出陣することもあれば、本城に籠って守りを固めたこともあったのではないだろうか。

羽生城は天正二年（一五七四）閏十一月に自落のときを迎える。みすみす敵に奪われるのを不憫に思った上杉謙信は、城の破却を命じたのである。そして、羽生城兵は謙信が引き取ることにした。

堀の内もその例外ではない。本城が落ちては己の進退を決めなければならない。堀の内城主栢場氏は決断する。羽生を去り、上杉勢に引き取られることにした。迷いや葛藤はあっても、常に羽生城主のそばにあろうとする忠義が含まれていたと思う。

ところが、上杉勢についていけない者がいた。栢場源五次郎の子源光斎である。源光斎は目が不自由だったらしい。そのため、ともに羽生を離れ、どこへ辿り着くかわからない異国の地まで同行することは叶わなかった。

そこで、源光斎とともに羽生に残る者がいた。それが渋井越前だった。栢場源五次郎が羽生城主を守る務めを果たすのであれば、渋井越前は先祖が眠る地を守る役目を担ったのかもしれない。

かくして、源光斎と渋井越前は羽生に残った。天正二年以降の羽生領は忍城主成田氏の支配を受けることになる。源光斎と渋井越前は新たに成田氏に仕えたのだろう。しかし、天正十八年（一五九〇）に成田氏は忍城からの退出を余儀なくされ、関東には新たに徳川家康が入府した。

戦乱の世は終わり、源光斎と渋井越前は帰農する。「渋井氏家譜」には、渋井越前は名村の名主を務めたと記している。

ちなみに、ぼくは、天正二年（一五七四）に羽生城兵が羽生を退出するとき、名から去ったのではないかと考えている。引き取られた羽生城兵が置かれたのは、上州の膳城（群馬県前橋市）と山上城（同県桐生市）だった。具体的なルートは定かではないが、羽生城を破却し終えたあと、利根川を渡って上野国に入ったのだろう。その渡河地点が、名の堀の内だったとぼくは考えている。

というのも、対岸に位置する飯野城兵（群馬県邑楽郡板倉町）と小競り合いが起きているのだ。『小田原編年録』によると、飯野城兵との小競り合いは、謙信が羽生勢を引き取るときだったという。

そこには「堀の内」の名は見えない。ただ、堀の内は飯野城の対岸に位置し、栢場源五次郎が羽生を去っていることから、名村から渡河した可能性を指摘しておきたい。

天正十八年以降、新たな羽生城主として大久保忠隣が就いた。しかし、忠隣自身は羽生には一度も訪れず、領地経営は専ら城代たちが行っていた。戦乱が終わったことで、堀の内も武装化する必要がなくなったのだろう。「当寺本尊不動明王略縁起」によると、進む新田開発によってか、城も次第に開拓されていった。土塁は切り崩され、堀は埋め立てられ、そこには農作物が実るようになった。

果たして、かつて不動院は堀の内の一部だったのだろうか。同資料には、「自然と当寺（不動院）も等閑の事なり」と記されている。

不動院が上杉謙信の祈願所としたことは、現存する資料からは確認できない。このようなことが言われるようになった背景として、堀の内や栢場源五次郎、渋井越前の名が挙がるだろう。上杉謙信の属す羽生城の出城として堀の内は存在した。そして、栢場源五次郎や渋井越前は羽生城に仕える者として尽力した。彼らからすれば、上杉謙信は主君のさらに上に立つ大主君である。

羽生城の安泰は、後北条氏や武田信玄との戦いにおける上杉謙信の勝利だ。その勝利を祈念して、不動院において護摩を焚くことはあったかもしれない。そうしたことから、いつしか上杉謙信の祈願所と言われるようになったのではないか。

なお余談だが、名村には一位殿社、二位殿社、三位殿社の三社が祀られていた。一位殿社と二位殿社は同地の八幡神社に合祀されたが、三位殿社は対岸にあって不明だという。

この三社にはいわれがある。言い伝えによれば、羽生城主木戸忠朝の子三人が戦いに敗北してこの地で亡くなったため、神として祀ったという。

一方、『向岡閑話』では、「公家三人」が流罪となってこの地で亡くなったので、神に祀ったと記している。そのほか、二位殿社は源光斎を祀ったものとする説もあるのだが、詳細ははっきりしない。

また、のちの時代に渋井家から現れた漢学者渋井太室《しぶいたいしつ》は、『國史』の中で谷場吉広の子の三人を祀ったものと述べている。谷場という名字は、「萱間」の間違いであろうとも指摘。この説に則れば、羽生城主の子ではなく、堀の内城主の三子が祀られていることになる。

いずれにせよ、決定的な資料はない。この三社が、いつ、誰が、何を祀ったものかは謎に包まれている。

羽生城主の子、あるいは羽生城関係者を祀ったとすれば、その三者とは、広田直繁、木戸忠朝、木戸重朝の名が挙げられる。広田直繁は永禄年間（一五五八～一五七〇）に羽生城主だったが、上杉謙信より館林城（群馬県館林市）を拝領し同城に移った。しかし、それから間もなく、前館林城主長尾顕長によって謀殺された人物である。

木戸忠朝は、兄の移封から天正二年（一五七四）に自落するまで羽生城主を務めた人物だ。一般的に「羽生城主」というと木戸忠朝を指すことが多い。

木戸重朝は忠朝の嫡子である。おそらく天正二年（一五七四）に羽生城が自落しなければ、そのまま羽生城主となっていただろう。

忠朝・重朝父子は天正二年以降に、資料からプツリとその名が消える。両者ともその年に亡くなったものと見られ、死因は定かではないが、城が自落したことと無関係ではないだろう。

もし、三社がこの三人を祀ったものとすれば、一位殿社は木戸忠朝、二位殿社は木戸重朝、三位殿社は広田直繁ということになる。三位殿社だけが対岸にあるのは、広田直繁が川向うの館林領で亡くなったことを意味しているのだろうか。

だとすると、羽生に残った源光斎や渋井越前らが、亡き旧主君を偲び、三社を祀ったことも考えられる。羽生城の自落後、旧主君のために源長寺を再興した鷺坂軍蔵（不得道可）のように、渋井氏たちもその霊を祀り、なぐさめることで忠義を尽くしたのかもしれない。

こうしたシナリオは、三社が羽生城主と関係していることを前提としている。いまだ羽生城主との関連性が定かではないため、推測の域は出ない。

このように、意味深な三社が存在することからも、不動院が上杉謙信の祈願所と言われることも、あながち荒唐無稽とも言い切れない。いまは田園風景の広がる場所だが、かつてここに暮らした一族の命の息吹きみたいなものが感じられるのだ。郷土の歴史を知らなければ、決して感じることのできないものである。一度知ってしまうと、その景色や神社仏閣は意味深に見えてくる。

いま、羽生市名の不動院を望んだとき、それは利根川土手の拡幅工事後の景観だ。高く連なっている土手は自然に出来たものではなく、人の手によって作られたものである。そのため景観は大きく変わった。

不動院や堀の内もその例外ではない。移転を余儀なくされ、堀の内は土手の下に眠っている可能性は高い。しかもその眠りは深い。水害から人々の暮らしを守るためとはいえ、失われたものも大きかったはずだ。

上杉謙信の祈願所と言われる不動院。移ろいゆく時代の流れ中で、いつしかそんな伝承も忘れ去られてしまうのかもしれない。

不動院遠景（羽生市）

「かつて〝名誉の温泉〟があった神社は？ ――玉敷神社――」

温泉は好きだろうか。歴史周訪のついでに温泉、あるいは温泉が先で、ついでに歴史周訪という人も少なくないかもしれない。

いまはスーパー銭湯があちこちにあって、遠くへ行かずとも温泉気分を味わうことができる。手頃なものだ。日々忙しい人でも、身近なところでお湯に浸かり、のんびりと過ごすことができる。ちょっとした気分転換、ストレス解消にはちょうどいい。

そんなスーパー銭湯がなかった古い時代、埼玉県加須市に鎮座する玉敷《たましき》神社は、お湯処として賑わっていた。現在の玉敷神社を知る人は、「お湯処」と聞いても首を傾げるかもしれない。境内を歩いても「お湯」の「お」の字もなく、その気配も雰囲気もない。そもそも、北埼玉は温泉客で賑わう観光地ではない。お湯に浸かりに北埼玉へ行こうという人は稀だろう。

ところが、かつて玉敷神社には、「ご神湯」と呼ばれる湯場があった。泊りがけでご神湯に入りに来る人もいたくらい賑わっていた。

神社の境内というだけあって、ただのお湯ではない。病気を治してしまうありがたいお湯だった。江戸時代に『遊歴雑記』を著した津田大浄は、次のように述べている。


明神（玉敷神社）の社内に名誉の温泉有りて神湯と号ス、能もろもろの難病を治す事神の如し

「名誉の温泉」とある。津田大浄は「もろもろの難病」が治ると記しているが、特に皮膚病や傷に効いたらしい。かつての境内は、湯けむりに煙っていたのだろう。

そもそもご神湯に使う水は、「薬水」「お助け水」と呼ばれていた。神聖な水である。これは、境内に立つアサダの木から水が滴り落ち、根元にたまったものだった。その水を貰いに来る参詣者がいて、いつしか「薬水」と呼ばれた。アサダは「御水木」と名付けられた。

湯場の発生も神がかっている。『遊歴雑記』によると、玉敷神社の氏子に二十年以上床にふせっている病人がいた。あらゆる治療法を試してみたが、一向に治る見込みがない。

そこで、困ったときの神頼み。玉敷神社に祈願をかけた。すると、こんなご神告があったと

いう。

「わが御手洗《みたらし》の水を温めてよく沐浴《ゆあ》みすれば、病は必ず治るであろう」

氏子はご神告通りに、御手洗の水を貰い受けた。そして、それを風呂に入れて沐浴みしてみる。するとどうだろう。不思議なことにみるみる回復するではないか。そして、一か月後には完治してしまったという。

奇跡である。玉敷神社のご神力以外の何ものでもない。

これを聞いた氏子の者たちは、より一層信仰を厚くし、境内に風呂小屋を建てた。これが「明神さまのご神湯」のはじまりとなって、以後湯治に訪れる者があとを絶たなかったということだ。

ご神湯によって、玉敷神社の霊験はますます高まった。参拝とともに、ご神湯に入りに来る人は少なくなかったはずだ。病気治癒のため、いつもより長くお湯に浸かり、のぼせてしまった人もいたかもしれない。

ちなみに、ご神湯に入るとき、いくつかの決まりがあった。それは、風呂の縁に腰をかけてはいけないこと。ツバを吐いてはいけないこと。また小唄を歌ってはいけないというものだった。

あくまでも神聖な神社である。娯楽施設ではない。静かに、厳かに、神さまに感謝する気持ちで入ることを前提条件にしていたのだろう。

さて、この玉敷神社は大己貴命《おおなむちのみこと》（大国主命《おおくにぬしのみこと》）を祀る神社だ。古くは「久伊豆神社」と言い、玉敷神社と名乗るようになったのは幕末以降のことだった。

創建は定かではない。ただ、『延喜式』神名帳に玉敷神社の名が記載されており、かなり古い時代に勧請されたことがわかる。

かつては、騎西領四十八ヶ村の総鎮守として信仰が寄せられていた。騎西町場では、毎月四と九の日に市が立っており、商売をする人も買い物に来た人も、玉敷神社にお参りをして、あるいはご神湯に浸かっていた。

町場は商家や宿屋が軒を連ねており、人や物が行き交う賑やかな町だった。それを見守るのが玉敷神社だったというわけだ。

ところが、越後からやってくる毒消し売りの娘たちは、決して玉敷神社をお参りすることはなかったという。薬箱を背負い、カスリの着物姿の娘たちは神社を避けるように通り過ぎた。むろん、ご神湯に浸かることもない。彼女たちにとって、玉敷神社の境内は立ち入ってはいけない領域だった。

なぜ参拝を避けたのか？　それは玉敷神社の歴史と深く関連している。

実は、玉敷神社ははじめから現在地（加須市騎西五五二）に鎮座していたわけではない。現在地は二度目の遷座地だ。その遷座には、かつて毘沙門天の化身と言われた上杉謙信が絡んでいる。

ときは戦国時代、上杉謙信は旧秩序を回復すべく関東に出陣した。関東を舞台に、後北条氏と武田信玄、上杉謙信の三者が激しくぶつかり合う。

当時、騎西城という城があった。上杉謙信が関東出陣を果たした頃、騎西城主には小田《おだ》助三郎《すけさぶろう》という者が就いており、この者は忍城主成田長泰《なりたながやす》の弟でもあった。ゆえに、騎西城はいつしか忍城の支城的存在となり、兄弟城と言ってもよかった。

その頃、玉敷神社がどこに鎮座していたかというと、騎西領の正能《しょうのう》村である。龍花院という真言宗のお寺の西に位置していた。正能の「宮内」「古宮」という地名は、かつて玉敷神社がそこに鎮座していたことから由来している。

さて、忍城主成田長泰が謙信から離反したことにより、騎西城も反上杉方となった。そのため、謙信の攻撃対象に組み込まれてしまう。歴史の表舞台に大きく取り上げられることはないが、騎西城は謙信の猛攻を受けたことでよく知られている。

実際に攻められたのは計二回。一回目は永禄六年（一五六三）であり、二回目は天正二年（一五七四）のことである。

上杉勢の攻撃は凄惨を極めた。一回目は松山城（埼玉県比企郡吉見町）救援失敗による、いわば腹いせのような攻撃だったし、二回目は従属しない国衆たちに対する謙信の戒めのような進攻だった。『北越太平記』によると、騎西城に籠った男女三千人がことごとく撫で斬りにされたという。『関八州古戦録』では、女・子どもが逃げ惑う姿は、「目モアテラレヌ有様ナリ」と記している。

こうした攻撃の最中《さなか》、玉敷神社は兵火にあい、灰燼に帰してしまう。隣接する龍花院も炎に包まれ、その歴史を物語る資料等は灰となってしまうのである。

上杉謙信は「聖将」と言われるが、気性の荒い武将でもあったようだ。戦国乱世とはいえ、上杉勢の放った兵火によって失われた資料は決して少なくはないだろう。

ちなみに、『新編武蔵風土記稿』によると、正能村には謙信が一夜にして築いた「一夜塚」があったという。一説として、戦死した者を埋めた塚とも言われていた。第一次騎西城攻めのときに築かれた塚というから、これが本当であれば、玉敷神社や龍花院が灰燼に帰したのはこのときだったのかもしれない。

上杉謙信の猛攻を受けた騎西城だったが、その後も存続する。天正十八年（一五九〇）に徳川家康が関東に入府して以降は、松平氏や大久保氏が騎西城主に就任する。

戦国時代に焼失した玉敷神社は、改めて騎西城の大手門付近に遷座されることとなった。現在鎮座している前玉《さきたま》神社（加須市根古屋）が、その跡地と言われる。

「武州騎西之絵図」には、「元ノ久伊豆」と記載されている。境内の東側に張りめぐらされていたのは障子堀。現在は小ぢんまりとした神社だが、往古は東に障子堀、北に天然の沼が広がっており、城郭然としていた。

ところが、やがてこの場所からも遷座することになる。享保年間（一七一六〜三六）に河野長門守が記した「要用集」によると、騎西城内でたびたび出火があったため、家臣の服部清兵衛と山中忠兵衛が領主の許可を得て、現在地へ遷座したという。二度目の遷座だ。すなわち、正能↓騎西城大手門↓現在地という流れである。

江戸時代後期に成立した『新編武蔵風土記稿』は、これとは逆のことを述べている。城攻めによって玉敷神社も焼失したのに、わざわざ城へ遷座するのはおかしいとしている。興味深い記述ではあるが、ここでは「要用集」の方を採りたい。

かくして、上杉謙信の攻撃を発端として玉敷神社は遷座した。もし、謙信の来攻がなければ正能村に鎮座したままだっただろう。

越後から来る毒消し売りの娘たちが、玉敷神社の参拝を遠慮する理由はここにある。住人の一部は、「越後の者とだけは結婚してはならない」と言うほどだ。上杉謙信の進攻の記憶がまだ新しかった頃は、さらに強く言われていたのかもしれない。

とはいえ、騎西の人たちもいつまでも根に持っていたわけではない。越後から来る毒消し売りの娘たちを迎え入れていたし、商売も許していた。玉敷神社に参拝してはならないという決まりを作っていたわけでもない。戦国時代の歴史を知る娘たちが自粛してお参りを避け、用事が済めば静かに立ち去ったのだ。

寛永四年（一六二七）、騎西城主大久保忠職《おおくぼただもと》は、従来の玉敷神社の社領田畑七石を認めた。また同時に、「新田古宮跡弐反弐畝」を新たに寄進した。

古宮跡はかつて玉敷神社が鎮座していた場所である。町場と正能村の計二反二畝の土地を新たに加えて寄進したのだ。

この土地の耕作の一部を、かつて正能村の人々が行っていたという。馬を持つ村人は、馬を引いて出動。田んぼに馬を入れて田掻きをし、苗代作りまで行った。

神さまの田んぼを耕作する大切な役目である。この作業が一区切りしないことには、自分の田んぼには手を付けなかったというから、正能の人々はこれを神事の一つとして捉えていたはずだ。

それ以降の作業は、騎西領四十八ヶ村の人々がそれぞれ奉仕したという。作業にあたった日の夜はご神湯で汗を流し、酒宴を開いて労をねぎらった。このように、村人たちは農作業に奉仕するとともに、玉敷神社への信仰を厚くした。

そのほか、玉敷神社は「お獅子さま」や「神楽」、「ダルマ市」や「御馬くぐり」でもよく知られている。中でも「お獅子さま」は騎西領に限らず、他の多くの村々に玉敷神社の獅子頭が貸し出され、作物の豊作や無病息災の祈りが捧げられている。

「お獅子さま」とは、獅子頭を持った者が村の家々を回る行事だ。獅子舞とは異なる。多くの村ではこの行事を行っており、実施に際して玉敷神社から獅子頭を借りたのだ。ぼくが生まれ育った地域でも、毎年お獅子さまが行われていて、玉敷神社から借用している。そして太鼓を鳴らしながら地域を巡り歩くのだが、家の中に入ってくることはない。

この獅子頭は日帰りが原則だ。引っ張りだこのお獅子さまである。一つの地域に長居していては、次のスケジュールに差しつかえる。行事が終われば、速やかに玉敷神社へ返却にあがる。ところが、どこかの村では行事が長引いたために、やむなく獅子頭を泊めることになった。翌朝返せば何の問題もないと思ったのだろう。

その晩、奇怪なことが起こる。獅子頭を泊めていた家が夜中に突然光ると、激しい震動が起き、雨戸を破る音が響き渡った。

家の者たちは、どういうわけかしばらく体が言うことをきかなかったという。翌朝、ようやく体が自由になると、安置していた獅子頭がどこにもないことに気付く。雨戸は中から破られている。賊が入ったわけではないらしい。家の者に訊いても誰も心当たりがないという。獅子頭以外になくなったものもなかった。

早速、関係者を集めて夜の出来事を話したところ、お獅子さまが一人でお帰りになったのではないかと誰かが言う。そこで玉敷神社へ足を運んでみた。

するとどうだろう。不思議なことにお獅子さまはちゃんと帰っているではないか。村人たちは驚いたというものではない。やはり一人で神社にお帰りになったのだ。村人たちはお詫びをし、信心新たにして帰路に就いたという。

お獅子さまのご神力は確かなもの。ゆえに無断で泊めてはいけないというメッセージを伝えるものだろう。

ちなみに、外泊が絶対に御法度だったわけではない。遠方に貸し出される場合に限って、泊めることが許されていた。

現在、玉敷神社は国道一二二号線の近くに鎮座している。しかし、境内に足を運べば、車の行き交う騒々しい音は消え、静寂に包まれている。

かつて多くの参拝客で賑わっていた「ご神湯」は、残念ながら現存していない。年配者はその存在を知っているが、若い人になると目を丸くする。幻となったいまとなっては、一度は入ってみたいご神湯だ。もし一日でも復活することがあれば浴びてみたい。しかし、上杉方の羽生城域で生まれ育ったぼくが、ご神湯に入っても大丈夫だろうか……。

玉敷神社は緑豊かな場所でもある。神社が背負う杜《もり》は、学術的にも価値が高く、社殿の脇に立つイチョウは推定樹齢が五百年を超えるという。

また藤の古木があることでも知られている。こちらの樹齢はおよそ四百年。実は、この藤ははじめから境内に立っていたわけではない。元々は民家にあったのだが、町の観光資源にと昭和八年（一九三三）に奉納されたのだ。

神社の歴史から見れば新参者。しかし、現在は観光資源の一つとして、季節になれば満開の花で人々の目を楽しませている。ご神湯があった頃は、花見とお湯を楽しんだ参拝客が多かったに違いない。ご神湯はなくなったが、藤の古木はいまでも参拝客を見守っている。

玉敷神社へ行く際は、旧鎮守地に足を運んでみると歴史の奥深さを感じられると思う。それは正能の龍花院の西隣と、根古屋の前玉神社だ。

かつてぼくは、この三つを自転車で巡ったことがある。ふと頭によぎったのは、ぼくが生まれ育った羽生は、戦国時代に上杉方だったということ。玉敷神社からしてみれば、社殿を焼失させた敵みたいなものである。そんな人間が玉敷神社の鳥居を潜っていいものか……。

一人で向かった玉敷神社。秋の中頃で、境内のイチョウはまだ色付いてはいなかった。周囲にはぼく以外に誰もいない。神社は森閑としていた。

秋風に揺れるイチョウの葉の下、社殿は静かにたたずんでいた。その前で手を合わせる。祈願はしない。お見知りおきのご挨拶。

秋風が通り過ぎていく。気のせいだろうか。玉敷神社はぼくを拒んではいなかった。なぜか不思議とそうはっきりと感じた。社殿の奥、神さまが優しく微笑んでいる気がしたから……。

玉敷神社跡（加須市正能）

前玉神社（加須市根古屋）

「お不動さまは川からやってきた？　―總願寺―」

總願寺《そうがんじ》（埼玉県加須市）は、「不動尊」、「お不動さま」の呼び名で親しんでいる人の方が多いかもしれない。總願寺の境内に建つ不動堂は、関東三大不動尊の一つに数えられ、往古より人々の信仰が寄せられてきたからだ。

遠方から参詣に来る人も多く、境内に建つ「全国神仏信者数第一位記念之碑」は、明治三十四年（一九〇一）に中央新聞社が実施した全国神社仏閣に対する人気投票で、總願寺が全国一位に輝いたことを記念して建立された碑である。かなり大きくて重厚感のある碑だ。この記念碑は、總願寺に対する人々の信仰と、圧倒的な人気をいまに伝えている。

總願寺は真義真言宗のお寺で、「玉嶹山總願寺《ぎょくとうさん》」と号す。このお寺が創建されたのは江戸時代に入ってからのことだ。元和二年（一六一六）に源信という僧が、戦乱で荒廃した不動堂を再建するため、總願寺を建立した。よって、總願寺は不動堂よりもあとの建立ということになる。不動堂の別当寺として創建されたのだ。

では、不動堂はいつから存在していたか？「玉嶹山總願寺縁起」によると、總願寺よりもかなり時代は遡る。ときに長暦三年（一〇三九）、洪水によって流れ着いた不動明王像を拾い上げ、安置したのが不動堂のはじまりだという。

この不動明王像はさらに時代が遡る。仁和二年（八八六）に、天台宗の智證大師円珍の手によって彫られたというのだ。きっかけは、第五十八代光孝天皇が重い病気にかかられたことによる。天皇は、円珍に病気平癒の祈願を命じた。円珍は食を断つと、一心に祈りを捧げる。すると、天皇はみるみる回復。無事に平癒されたという。そこで、天皇は円珍に不動明王像を作るよう命じた。かくして出来上がった不動明王像は紫宸殿に安置されると、歴代天皇の御守護仏となったのである。

「めでたし、めでたし」と言いたいところだが、話はここで終わらない。これを盗み出そうとする者がいた。狙いを付けたのは不動明王の持つ剣である。

全てお見通しなのはお不動さま。己が狙われていることを堂守の夢枕に立って告げた。これを知った堂守は驚き、不動明王に手を合わせた。何が何でも守らねばならない。そう決心した堂守はお不動さまを背負い、故郷の武州吉見領まで運んだという。そして仮堂を建て、そこに安置したのだった。

しかし、一難去ってまた一難。思いもよらないことがお不動さまに起こる。折から降り出した雨により荒川は増水。その名のごとく荒々しく渦を巻き、人は近寄ることもできなかった。当時は堤も低く、大雨が降れば瞬く間に溢れ出した。人の力では成す術もない。

ついには堤防が切れて、濁流が人家を襲う。お不動さまが安置されたお堂も例外ではなかった。たちまち濁流に飲み込まれ、お堂は倒壊し、お不動さまは流失してしまう。

濁流にもまれ、流れに流れていったお不動さま。武州吉見領からどんどん遠ざかり、その行方を知る者は誰もいなかった。

ところが、お不動さまはそのままこの世から消え去ったわけではない。再び姿を現わすことになる。ちょっとした奇瑞をもって……。

お不動さまが流れ着いた地こそ、武州羽生領だったのである。洪水により高所に避難した村人の目に、ふと留まるものがあった。近付いて拾い上げてみると、それが吉見領から流されてきたお不動さまだった。

するとそのとき異変が起こる。お不動さまを拾い上げた途端、グラリと地面が揺らいだのだ。地震である。不気味な地響きとともに、グラグラと揺れた。

驚いたのは村人だった。ただでさえ洪水で精神状態が不安定なのに、続けて起こった天変地異に恐れおののいた。これはお不動さまが怒ったに違いない。勝手に拾い上げたことに激怒し、地面を揺らしたのだろう。

そう思った村人は、慌ててお不動さまを川の水に浸した。そして、元の場所へ返すように、再び川へ流したのだった。

このお不動さまを拾い上げた場所を羽生領岡古井村《おかふるい》（加須市）と言う。以前は別の村名だったらしい。お不動さまを拾い上げて地震が起こったため、この村は岡古井と言われるようになった。

もちろん、岡（地面）が震えたからである。岡震い→岡古井と村名が付いたということだが、真偽はともかくとして、面白いエピソードだ。お不動さまの霊験の強さを伝えるべく、そのようなエピソードが生まれたとも考えられる。

しかし、案外本当にあった出来事かもしれない。もしこのエピソードが実話で、たまたま起こった地震だとしたら、お不動さまにとってはいい迷惑だっただろう。せっかく拾い上げられたのに、再び流されてしまったのだ。タイミングが悪すぎると言うほかない。

さて、再び濁流に飲み込まれたお不動さまだったが、このままでは終われない。気合いと根性と言うといささか人間っぽくて俗っぽいが、再び姿を現わす。

武州羽生領岡村という場所である。岡古井村の東隣に位置する村だ。洪水がおさまって数日が経った日のことだった。ある村人が、利根川（会の川）の中洲に引っかかっているお不動さまを見付けた。村人は利根川に入り、お不動さまを拾い上げる。

すると、突如地面がうなり、グラリと揺れて……ということはなく、地震はもとより何の異変も起こらなかった。静かなままである。

利根川から引き上げた村人はお堂を建て、その中にお不動さまを安置した。これが不動堂創建の由来である。どこまで信憑性があるのかはわからないが、由緒ある不動明王は洪水によって流され、漂着して改めて安置されたということになる。

実際、不動堂の近くには、古利根川である会の川が流れている。現在は護岸された小さな川にすぎないが、往古は利根川の本流ゆえ、暴れ川だったのだろう。円珍の作というエピソードは後世の作り話だとしても、浅草の浅草寺の本尊が、かつて隅田川から偶然拾い上げた観音さまを祀っているように、加須のお不動さまも流れ着いて安置されたということは十分考えられるだろう。

ただ、吉見領から羽生領へ流れ着くということに違和感を覚える。吉見領は荒川水系である。これに対し羽生領は利根川水系。

これについて、『さきたま文庫59　玉嶹山總願寺』は、風の影響を指摘している。水の力ではなく、風によってフワフワと漂い、辿り着いたのではないかということだ。違和感を覚えるのは現代の感覚であって、当時ではごく一般的に見られる現象だったのだろうか。

ちなみに、お不動さまが漂着した川の中洲を不動島と読んだ。そして、お不動さまを安置したことにより、村名も岡村から不動岡村へと変わったという。

前述のように、現在の会の川を見ても「不動島」なるものは見当たらない。川は直線的に流れている。しかし、隣村の三俣村にある龍蔵寺では、その創建の伝説として、教蔵上人が川の洲に住む怪物（龍）を得道させたというエピソードがある。洲は三つあって、明知島、中島、鬼島とそれぞれ呼んでいたという。

川は現在のように人工的に管理されず、自然のままに流れていた。ほかにも洲があったことは想像に難くない。いろいろなものが漂着しやすい環境にあったと言える。江戸時代後期に成立した『新編武蔵風土記稿』では、不動岡村における会の川の幅は、三間（約五・四五メートル）だったという。

さて、かくして建てられた不動堂だったが、ここにも戦国乱世の波が押し寄せる。近隣には、花崎城、油井城、騎西城、忍城、羽生城といった城が建ち、戦乱の渦に巻き込まれていった。領民もまた例外ではない。不動堂は自然と荒廃してしまう。

天正十八年（一五九〇）に豊臣秀吉が小田原城（神奈川県小田原市）を攻め、落城させると、国内における戦乱は一応の区切りを見た。関東には徳川家康が入府。そうした時代の流れの中、元和二年(一六一六)に不動堂の別当寺として總願寺が創建されたのである。お不動さまにとっても、新たな時代のスタートだった。

のちに、全国神仏信者数が第一に輝く總願寺だ。なぜこれほどの信者数と知名度を獲得できたのだろうか?

その大きな原因は、江戸時代にお不動さまが江戸に赴き、出開帳を行ったことが大きいとされる。出開帳とは、お寺の仏像や霊宝などを他所へ出張し、一般公開されることを言う。むろん、信仰の一面もあったが、行楽の要素が強かったらしい。現在とは違って、気軽に遠くへ旅することができなかった庶民にとって、逆に向こうからやってくるとなると足を運びたくなるのが人情だろう。

ましてや、中には秘蔵の仏像なども含まれている。この機会を逃さない手はない。いまでも博物館では、普段なかなかお目にかかれないものが一般公開されると長蛇の列ができるが、感覚としてはそれに近いかもしれない。

總願寺のお不動さまも、江戸において何度か一般公開された。火伏の霊験があるとされ、出開帳に訪れた見物人たちの心を掴む。たちまち信者を増やし、かつ總願寺の名は広く知れ渡るようになった。お不動さまも多くの人目にさらされ、人気者となり、いつしかスターのようになっていたかもしれない。

ならば、一度くらいは總願寺とやらに行ってみようじゃないか。そう思った人々が、こぞって總願寺を訪れた。人気はますます高くなり、参詣者も増加の一途を辿った。

江戸の人たちにとって、遠方と言っても関東圏内のことである。莫大な旅費と日数、準備を要するわけではない。ちょっとした旅としてはちょうどいい距離だっただろう。

享和二年（一八〇二）以前に成立した地誌『武蔵志』によると、普段から遠近の参詣者があったという。縁日ともなると、「群衆」で賑わった。特に、一月二十八日の縁日はすさまじく、男女関係なく多くの参詣者が押し寄せてくる有様だった。

總願寺にとっては嬉しい悲鳴である。お不動さまも、温かく参詣者を迎え入れたに違いない。群衆が押し寄せてくると、問題となるのは交通の利便性だ。流れがスムーズでないと参詣者から不満の声があがる。事故の発生につながりかねない。

そこで、總願寺は長さ百間（九〇〇メートル）、幅三間（五・四メートル）の参道の開通を、正徳元年（一七一一）に願い出ている。この新参道は總願寺から南に伸びるもので、それまでは畑の広がる場所だった。

それをお寺の自己負担によって新参道が開通。安政元年（一八五四）には幸手宿（埼玉県幸手市）に、總願寺への道しるべを建てており、お寺の隆盛ぶりがうかがえる。

これもお不動さまのご加護によるもの……ということに違いないが、現実的なバックが付いていた。それは、館林城主松平清武《まつだいらきよたけ》。清武は總願寺を祈願所としており、出開帳の成功も、清武の働きかけによる影響が大きい。もし清武が總願寺を祈願所としなかったならば、新参道を開通しなければならないほどの繁栄はなかったかもしれない。こうした援助を得られたのも、お不動さまの霊験によるものだろう。

松平清武は、宝永元年（一七〇四）八月九日付で、總願寺に出開帳の成功を祝う文書を出している。總願寺も清武との関係を密にしていたらしく、宝永四年（一七〇七）に、館林城主に取り立てられた清武にお祝いを述べるとともに、「御菓子」や「扇子」を贈っている。

松平清武の帰依は、その後の寺勢拡大においても大きな影響力を持っていた。決して無碍にはできない。

そんな清武への贈り物の中に「温飩粉」があった。さすがはうどんの町加須。いつうどん粉を贈ったのか具体的な年代は定かではないが、宝永年間（一七〇四〜一七一一）と見られている。加須の人たちにとって、うどんは身近な存在だったのだろう。清武もおいしく召し上がり、お不動さまへの信心をますます深めたのではないだろうか。

總願寺への参詣者が増え、賑わうほどお寺の周囲は門前町として整っていった。人が集まれば、休むところが必要になる。参詣者とすれば飲食もしたいし、お土産も買っていきたい。

そうしたニーズに応えるがごとく、總願寺の周辺には商店が建ち並んでいった。旅館、飲食店、土産物店が多く林立し、人や物が行き交った。参詣を重ねるにつれて、馴染みの店もできたに違いない。あるいは、飲食店ではうどんやそばを出す者が多かったというから、食べ歩く参詣者もいただろう。うどん粉をお土産に買って帰る参詣者もいたと思う。

いまも、總願寺の前を通る道を歩けば、商店が建ち並んでいる。車通りの激しい道路だが、往時の門前町の面影は残っていて、その風情を感じることができる。

加須のうどんもさることながら、「五家宝」もよく知られた名物の一つだ。きな粉の香りと独特の食感で、これをお土産に買って帰る参詣者も多い。いまも門前町を歩けば、五家宝を売っている店が目に付く。好き嫌いはあるだろうが、一度は味わいたい名物である。

かくして、總願寺は多くの信者を集め、明治三十四年（一九〇一）に実施された人気投票では、全国第一位に輝くのだ。これまでの多くの人たちの厚い信仰による結果と言っていい。

總願寺は何度か火事の被害にあった。特に、明和八年（一七七一）の暮れに起こった火災は大きく、本堂や庫裡などがことごとく焼失したという。

しかし、安永六年（一七七七）には本堂などを再建。現在の不動堂は、それよりもあとに再建されたものだ。

明和八年の火災で類焼を免れた不動堂だったが、老朽化が著しかった。そこで再建の話が持ち上がる。その設計図を引いたのは、羽生領本川俣村（羽生市）の宮大工三村家だった。そして完成したのは天保九年（一八三八）のこと。完成から百五十年以上が経っても、その重厚感や威厳は失われていない。

ちなみに、總願寺境内の位置する門（通称黒門）は、忍城内から移されたものだ。忍城にあった頃は、「北谷門」と言われていた。これは、明治時代の火災で焼失した門の代わりに、田村重兵衛という者が忍城から移築し、寄進したものだ。

当時、忍城は取り壊されている。破却の際、黒門は田村重兵衛に払い下げられており、それが總願寺に寄進され、移ったということだ。長い歴史を持つ忍城でも、その遺構はほとんど残っておらず、總願寺の西側にさりげなく建っているが、いまとなっては貴重な資料である。

このように、總願寺は何度か火災の被害にあっているが、お不動さまは火が嫌いというエピソードは聞かない。ただ、鍛冶屋などが火を起こすときに使うフイゴは嫌いらしい。『武蔵志』

には次のようなエピソードが載っている。

總願寺に安置されている剣はあまりにも威力が凄まじく、お堂の上を飛ぶ鳥さえも落ちてしまうほどであった。そこで、当時のお坊さんが鋭く尖った剣を鈍角にしてもらうよう鍛冶屋に注文。鍛冶屋は早速剣を持ち帰り、火にかけた。そして、フイゴを使って風を送り、剣を溶かそうとする。

ところが、鍛冶屋は突然悶絶。そのまま気を失ってしまった。原因は不明である。しばらくして意識を取り戻し、再び火をかけたが、同様に悶絶し、剣を溶かすことができなかった。異変は鍛冶屋だけに留まらない。注文をしたお坊さんも、それから間もなくして目が不自由になってしまったという。これはお不動さまが怒ったに違いない。以来、村ではフイゴを入れることを禁じた。

以上が『武蔵志』が伝えるエピソードだが、近隣の真名板（行田市）にある薬師堂にも、これと似た話が伝わっている。どこからともなく伝わってきた話が、さも実際にあったかのように語り継がれたのかもしれない。

總願寺は、現在も多くの人たちから信仰を寄せられている。鬼追い豆まき式や秋季大祭の火渡り式などの年中行事も盛んで、それらによって季節を感じる人は少なくないだろう。鬼追い豆まき式などは、毎年著名人がやってきて、境内に集まった参詣者の数に鬼が逃げてしまうくらいに賑わう。

ちなみに、總願寺から不動岡高校は近い。不動岡高校は埼玉県内最古の高校として知られている。

その沿革はいささか複雑で、最初から現在地にあったわけではなかった。現在地に移ったのは、大正十三年（一九二四）のことだ。

現在、学校は總願寺の東に位置している。それ以前はどこにあったかというと、總願寺の西の方角である。お寺から西に向かって五、六分歩くと小さな公園がある。ここが「不動岡高等学校発祥の地」となっている。かつてその敷地を含む一帯に学校が建っていた。

公園内の大きな碑は、ここが不動岡高校の発祥の地であることを伝えている。加須市指定史跡。總願寺と合わせて足を運んでみると、ちょっとした歴史散歩になる。

なお、總願寺から南へ少し行けば、会の川（古利根

会の川

川）にぶつかる。かつて利根川の本流として、恵みと水害をもたらしていた川である。總願寺の不動明王像は、この川の中洲に漂着したものを祀ったと伝えられる。

何も知らなければ、目に留まることのない小さな川かもしれない。しかし、總願寺の不動堂創建の由来を念頭にして会の川を見たとき、どう目に映るだろうか。川の畔で、歴史の流れにそっと耳を傾けたい。

「境内に横たわる礎石は何を語る？ ―旧盛徳寺―」

辛亥銘鉄剣《しんがいめいてっけん》が出土したことで知られるさきたま古墳群。その程近くに、古代寺院ファンの心をくすぐるお寺の気配がある。

その名は「旧盛徳寺」。現在の盛徳寺《じょうとくじ》を含む一帯にかつて存在したと考えられている。

『行田市史』によれば、その推定寺域は東西一六〇メートル、南北一三六メートル。「地方寺院としてはかなりの規模の寺院であることになる」と記している。

その跡地には、現在の盛徳寺の本堂が建っている。ごく一般的な寺院だ。

ところが、境内に入ると、意味深な石がポツリポツリと横たわっていることに気付く。その傍らには、「市指定文化財　旧盛徳寺礎石」と書かれた看板。これが、かつてこの地に古代寺院が実在していたことを物語る資料となっている。

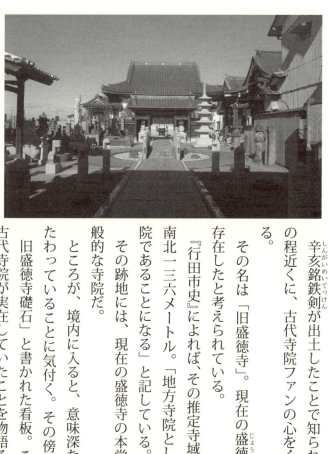

『行田市史』によれば、その数二十五個。礎石は大小さまざまで、その多くが焼損していることが確認された。つまり、建物が炎上したことを物語っているのだが、それがいつの頃かは不明となっている。

この礎石は古くから知られていた。『新編武蔵風土記稿』は、「境内礎の古きもの残り」とし、「境内を穿てばたまたま古瓦を得る類、古よりの寺院なることは知らる」と記している。

そう、礎石だけではない。お寺を含む一帯から古い瓦が出土しているのだ。一時期だけの瓦ではなく、三時期が考えられるという。これらは旧盛徳寺の古さを物語る資料となっている。

このような資料によって、旧盛徳寺は八世紀末の創建と考えられている。北武蔵にある主な古代寺院と比べると、新しいこともこのお寺の特徴となっている。

では、一体誰が旧盛徳寺を創建したのだろうか。一説に、「有力な氏族」による創建と言われている。果たしてそれは誰なのか。

真っ先に思い浮かぶのは、さきたま古墳群を形成した一族である。ところが、古墳群形成の終末と、旧盛徳寺の創建とでは時期的に大きな開きがある。全く無関係ではないにしても、直接的ではない。

そこで、浮上してくるのは、武蔵国埼玉郡に在住していたという新羅人徳師らだ。『続日本紀』によると、彼ら男女五十三人は天平五年（七三三）に金姓を与えられたという。何か功績があってのことだろう。とても短い記述だが、重要な一文だ。

このことを踏まえ、自治体史や県の報告書は各見解を述べている。例えば、『鷲宮町史』は、埼玉郡に在住していた新羅人徳師らが治水技術をもとに開発を進めており、やがてその子孫が旧盛徳寺を創建したのではないかと推定。『埼玉県古代寺院跡調査報告書』では、「創建時期の特異性から官寺的なものではなく、氏寺としての性格が想定できる」と述べている。

共通しているのは、有力一族による創建ということ。埼玉郡で力を蓄えた新羅人徳師らが、氏寺として旧盛徳寺を創建したことになる。真相が気になるところだが、はっきりとはしていない。

武蔵国埼玉郡の出身で円澄《えんちょう》という僧がいる。のちに延暦寺第二世座主となった人物だ。円澄は宝亀三年（七七二）に生まれ、俗姓は壬生《みぶ》氏といった。円澄が生まれた頃に旧盛徳寺が創建されたことになる。円澄自身が創建に加わったわけではない。しかし、彼が師事した道忠《どうちゅう》が、旧盛徳寺の創建に何らかの形で関わった可能性はある。円澄と旧盛徳寺の接点は不明だが、参詣したことはあっただろうし、何らかの影響を受けたとしてもおかしくはない。

さて、現在の盛徳寺は真言宗智山派のお寺で、埼玉山若王院と号している。本尊に祀られているのは薬師如来。大同年間（八〇六〜八一〇）の創建とし、保元二年（一一五八）に平重盛の心願により再建されたと伝えられている。

盛徳寺の周辺は何かと見どころが多い。西の方角にはさきたま古墳群があり、北には古代蓮の里。さきたま古墳群内には辛亥銘鉄剣が出土した稲荷山古墳があるし、日本国内で最大の円墳・丸墓山古墳がそびえ立っている。

戦国時代、忍城を攻めるべく石田三成が丸墓山古墳から城を望んだことはよく知られている。墳頂から忍城を眺め、水攻めを決行。城の周囲に堤を築き、利根川と荒川の水を引き込んだ。それでも忍城が落城することはなかったが、この地が血なまぐさい合戦場となったことは確かである。

天正二年（一五七四）には上杉謙信が来攻。むろん、忍城を攻めるためである。

しかし、石田三成のような大々的な城攻めではなく、城下や忍領の村々に火を放つというものだった。『成田記』や『北越軍談』では謙信が丸墓山に登ったとあるが、これが本当ならば、二人の有名武将がその墳頂に立ったことになる。

寺伝によれば、盛徳寺は上杉謙信や石田三成により火をかけられ、その被害を被ったという。さきたま古墳群から近い盛徳寺が戦火にあってもおかしくはない。攻撃の対象となり、あるいは寺宝を強奪された可能性もある。旧盛徳寺の礎石の焼損は、その当時の戦火と何らかの関係があるだろうか。

さて、盛徳寺の北にある古代蓮の里は、そんな戦国時代の動乱とは一線を画す。どちらかと言えば、「癒しの場」に属する。

ここは、その名の通り「古代蓮」に関連している。地中で眠り続けていた蓮の種子が、工事によって地表に姿を現わし、偶然にも自然発芽したことから作られたのだ。

「行田蓮」は約一四〇〇年～三〇〇〇年前の原始的な形態を持っているという。旧盛徳寺といい古墳といい、そこに咲く蓮まで歴史が古く、古代ファンとしては心くすぐられる場所だろう。

むろん、そうでない人でも心配することなかれ。開花の時期になれば園内は色とりどりの蓮の花に彩られ、多くの人出で賑わう。歴史に興味がなくても古代蓮と戯れ、公園内を散歩したり子どもと遊んだりしてもいい。

そんな園内には、高さ五十メートルの展望タワーがそびえ立っている。この公園のシンボル的存在で、遠くからでも眺めることができる。古代蓮とそびえ立つ展望タワー。古代と現代が交錯し、独特の雰囲気を醸し出している。

ちなみに、この地は湿地帯で沼が広がっており、幼い頃に父と何度か釣りに来た記憶がある。日が暮れるとひどく寂しい場所だった。もちろん、展望タワーなど建っていない。イルミネーションに彩られることもない。往時の景色を知る者として、公園として生まれ変わった古代蓮を見ると、まるで異空間に放り込まれた感覚さえ覚える。だから、純粋に古代蓮を楽しんでもいいし、展望タワーから遠い古代へ想いを馳せてもいいと思う。

なお、盛徳寺の近辺には目に見えない「見どころ」もある。かつて、盛徳寺とさきたま古墳群の中間辺りに若王子古墳群があった。いまとなっては田畑が広がり跡形もないが、前方後円墳頂を含むいくつかの古墳が存在していた。

中でも、墳頂に若王子社が祀られていた若王子古墳は前方後円墳だったという。『新編武蔵風土記稿』や『増補忍名所図会』によると、古墳の一部が崩れ、石室が見えていた。ぽっかりと古墳に開く空間があれば覗きたくもの。後者では、室の中から「太刀之金物」「金の輪」「抔」が出土したと記す。

しかし、そんな若王子古墳は小針沼を干拓するために切り崩された。古墳の土を使って沼を埋め立てたのだ。昭和九年（一九三四）に完全に消滅。その跡地に足を運んでも、古墳の名残を見ることはできない。かつてそこに古墳があったことなどわかるはずもない。

ビジュアル的なものを好む人にとっては物足りないかもしれない。でも、ふと立ち止まったときに見えてくる知られざる歴史は、意味深に語りかけてくるものだ。

さて、盛徳寺から東へ向かったところには、小埼沼《おさきぬま》の歌碑が建っている。これは、宝暦三年（一七五三）に時の城主阿部《あべ》正因《まさより》が建てたもの。万葉歌碑の一つに数えられていて、『万葉集』に詠まれた「小埼沼」と「埼玉の津」をこの地に比定して建立したのだ。その歌とは次のものである。

前玉の小埼の沼に鴨ぞ翼きる
　おのが尾にふり置ける霜を掃ふとにあらし（高橋虫麻呂）

埼玉の津に居る舟の風をいたみ
　綱は絶ゆとも言な絶えそね（詠み人知らず）

小埼沼と埼玉の津の推定地は諸説あるが、阿部正因は新田開発によって沼が埋め立てられ、景色が変わっていく中で所在不明となることを危惧し、歌碑を建てたという。

『新編武蔵風土記稿』や『増補忍名所図会』には、江戸時代当時の小埼沼の様子が描かれた絵が掲載されている。その当時すでに開発が進み、小さな沼になっていたらしい。傍らには大きな松の木が一本立っていた。『万葉集』に詠まれたときの面影はすでに失われていたとしても、俳人、歌人、その他多くの文化人がこの地を訪れたに違いない。

ちなみに、小埼沼には「片葉の葦」や「片目の魚」という伝説が残っている。その内容は悲話として伝えられる。

昔、おさきという片目が不自由な女が赤ん坊を田んぼの畔に寝かせて仕事をしていた。ふと気が付くと赤ん坊の姿がない。おさきは慌てて探し回った。

すると、不思議なことに沼の上に赤ん坊がいるではないか。おさきは沼に駆け寄る。そしてそのまま沼に入った。

しかし、それは鷺にさらわれた赤ん坊が水面に映った姿だった。鷺は翼を広げて飛び立ってしまう。むろん赤ん坊も一緒だ。

おさきは悲鳴をあげた。しかし、その声は空しく、鷺はいずこへと消えてしまう。

おさきもまた息が続かなかった。おそらく全身の力が抜けたのだろう。岸まで辿り着く気力もなかった。そのまま沼の中に沈み、果ててしまう。

そんな悲しい出来事があって以来だ。沼の葦がみな片葉しか生えなくなったのは。まるで片目が不自由だったおさきの念が宿っているかのように……。

片目の魚もこれと似た内容だ。二パターンある。一つは片葉の葦と同じ内容だ。もう一つは、お殿さまの娘の「さき姫」が登場する。ある日、さき姫は沼に美しいかんざしを落としてしまう。それを拾い上げようとしたのだが、足を滑らせて入水。そのまま溺れて命を落としたという。以来、沼に棲む魚は皆片目が不自由なのだとか……。

さらにもう一つ。日照り続きのため作物がしおれ、村人たちが困っているときだった。「おさき姫」が沼に棲む龍神を慰めるべく、自ら入水した伝説も残っている。姫の入水後、晴れ渡っていた空はみるみる曇り、雨が降り出したという。

いずれも悲話として伝わっている。真偽も定かではない。いずれも興味深いが、これと似た伝説は全国各地にある。つまり、この小埼沼に限ったことではない。

ただ、いつからかこのような伝説が語り継がれ、ときの文化人たちがこれに触れ、歌に詠んだり文を綴ったりしている。それは、小埼沼が心の琴線に触れてくるからだろう。

現在の歌碑の建つ場所は、沼跡とおぼしき窪地を残すのみとなっている。つい見過ごしてしまうものだが、そこには歴史的・文化的な香りが仄かに漂っている。

このように、盛徳寺周辺には古代ロマン溢れる場所がたくさんある。目に見えるものからそうでないものまで多種多様だ。それだけ、この地が古くから拓けた場所だったからなのだろう。古墳、古代寺院、古代蓮、小埼沼……。一見、点で散らばって見えるかもしれない。しかし、それを線で結べばどのような形が浮かび上がってくるだろう。ただの田園風景にしか見えずとも、そんな隠れた魅力が溢れている。

旧盛徳寺の礎石（行田市）

万葉遺跡　小埼沼（行田市）

「境内に建つビジュアル的な建造物とは？　―成就院―」

成就院《じょうじゅいん》は埼玉県行田市長野にある。ぼくは郷土史に興味を持つまで、成就院の存在を知らなかった。幼い頃、近くにあった小針沼へ父と釣りに行くことはあっても、成就院に足を運ぶこともなければ、その話題が出ることもなかった。

地中に埋まっている古墳や、遺構の全てが失われた城、廃寺となったお寺など、豊かな歴史はあっても実物が消えたものは少なくない。無名なところほどその傾向は強いのだ。

観光地でもない場所にカメラを向け、熱いまなざしを注ぎ、歴史に想いを馳せていると、通りすがりの人に不審がられることも多い。ときにはパトロール中の警官に呼び止められ、職務質問を受けることもある（犬に追いかけられたこともあった）。

その手の場所が少なくない中、成就院には目に訴えてくるものがある。つまり、ビジュアル的なものが存在する。

それは三重塔。総高一一・一八メートルの三重塔が、成就院の境内に建っているのだ。埼玉県内に三重塔は三塔しかない。その内の一塔が、行田市の成就院に建っているというわけだ。三重塔と聞いて、どんな姿をイメージするだろう。圧倒的な存在感でそびえ立っている姿を思い浮かべるだろうか。

成就院の三重塔の前に立つと、思いのほか小さい。ぼくは成就院へ行く前に写真で目にしていた。こんな立派なものが行田にあるなんて、どうしていままで知らなかったのだろうと、軽い衝撃をもって驚いたのを覚えている。

そして実際に足を運んでみる。塔を見上げると、やや異なる感覚を覚えたことは否めない。想像していたものより小さかったのだ。新宿の高層ビル群ほどの高さをイメージしていたわけではないが、自分に覆いかぶさってくるような、そんな圧倒的存在感を勝手に連想していた。

成就院は真言宗智山派のお寺である。五智山と号し、本尊を不動明王としている。創建は定かではない。『新編武蔵風土記稿』によると、天正年間（一五七三〜九二）に僘宥《しょうゆう》というお坊さんが創建したという。

天正年間と言えば、戦国時代終盤の時期だ。もし、天正年間の初期に創建されていたとすれば、天正二年（一五七四）に来攻した上杉謙信や、同十八年（一五九〇）に忍城を水攻めにした石田三成らは成就院を目にすることはあっただろうか。

では、三重塔も見ただろうか？　実は、成就院の三重塔の造塔は江戸時代に入ってからのことだ。享保十四年（一七二九）三月に建立されたのだ。地元の工匠たちの手によるものだったという。上杉謙信の来攻や、忍城の水攻めからはだいぶ歳月が経っている。

三重塔の一階（初重）には、須弥壇の上に葉衣観世音菩薩坐像が安置されている。これは、忍城主阿部忠秋の持念仏と伝えられるもので、現在も須弥壇の上から見学者たちを優しく見つめている。

もし、戦国時代に三重塔が建っていたならば、とっくに戦火にあっていたかもしれない。享保年間に造塔され、地域の人たちに大切に守られてきたからこそ、いまもその姿を目にすることができるのだろう。

昭和五十年（一九七五）には、埼玉県の有形文化財に指定された。ちなみに、昭和五十六年（一九八一）から二年にわたって、損傷の著しかった三重塔は解体・復原工事が実施されている。

ところで、「旧盛徳寺」の項でも触れたが、成就院周辺には見どころがいっぱいだ。古代寺院の礎石を残す盛徳寺、古代の蓮が咲く古代蓮の里、万葉歌碑のある小埼沼、古代の有力者たちが眠っているであろうさきたま古墳群、若王子古墳群、若小玉古墳群……。歴史散策をするには事欠かない。

例えば、成就院から西に少し向かったところには、白山古墳群がある。白山姫神社が鎮座している塚が白山古墳で、径五十メートル、高さ五・七メートルの円墳だ。麓には集会所が建っている。現代的な雰囲気を漂わせているが、神社が鎮座しているから今日まで残ったに違いない。

白山古墳で面白いのは、社殿のやや傍らに緑泥片岩の一部が露出していることだ。まるで植物が土から芽を出すように、地中から突き出ている。

これは、古墳に眠る石室の一部と見られている。横穴石室で、長い歳月の間に土が崩れ落ち、その一部が露出しているのだ。全部が隠れているより、一部でも目に見えた方が想像をかき立てられるというもの。なお、この白山古墳は、七世紀前半の築造と考えられている。

白山古墳から少し南に行くと、白山愛宕山古墳がある。小ぢんまりとした塚で、見落としてしまいそうなほどの大きさだが、これは大部分が破壊されたからだ。墳頂には小さな祠があって、愛宕神社が祀られている。

元は径四十メートルの円墳に復元されるらしい。白山神社と比べると、風前の灯という印象を否めない。完全に消滅する一歩手前という感覚だ。

かつて行田市内にはもっと多くの古墳が存在していた。沼の干拓や開発などによって古墳は崩され、消滅していったわけだが、一気呵成になくなったわけではない。日ごと切り崩され、その姿を変えていった。白山愛宕山古墳は、消滅していく過程の内の一つの形を示していると言えるかもしれない。径四十メートルの円墳に復元される情報を聞くと、現在の姿はいささか憐れさを誘う。

この白山愛宕山古墳のすぐ近くには旧忍川が流れている。旧忍川を挟んだ対岸に位置するのはさきたま古墳群だ。目の前には稲荷山古墳があり、やや離れたところに丸墓山古墳がどっしりと腰を下ろしている。白山愛宕山古墳から歩いて旧忍川を渡る道がある。そのままさきたま古墳群内を散策することも可能だ。

ちなみに、白山古墳群は広い意味でさきたま古墳群に含むことができるという。知る人ぞ知る古墳群であり、合わせて見ておきたい。

成就院から東へ行けば古代蓮の里がある。そびえ立っているのは展望タワーだ。近辺には田畑が広がって高い建物がないせいか、この展望タワーは遠くからでも見付けられる。ゆえに、土地勘がなくても展望タワーを目指せばいい。

古代蓮の里は、約一四〇〇年前～三〇〇〇年前の古代蓮が長い眠りから覚め、自然発芽したことをきっかけにできた施設だ。開花の季節になれば多くの観光客で賑わう場所である。親子連れからお年寄りまで、幅広い年齢層の人たちが足を運んでいる。

観光地の一つに数えられる古代蓮の里だが、かつては小針沼という大きな沼が広がっていた場所である。この沼を干拓するため、あるいは堤防を高くするために、周辺の古墳は採土され、消滅した。ゆえに、小針沼跡には多くの古墳の土が眠っているはずだ。

小針沼は、元々蓮が自生して開花する場所だった。昭和の時代に入ってからも、耕地整備によって地中から古代蓮の種が出土し、自然発芽していた。昭和四十六年（一九七一）に、ごみ焼却施設を建設すべく、土を掘り、採土したのだが、そのときできた窪地の池でいつの間にか蓮の花が咲いていたという。

この蓮を江森貫一教授に見てもらったところ、古代蓮であることが判明。ずっと昔に自生していた蓮の種が地中に埋まっていたところ、人の手によって掘り起こされたその刺激によって、長い眠りから目覚めたという。何という自然のたくましさ。自然の驚異であり、奇跡である。命は儚くもあり、驚くほど強靭でもある。

かくして平成七年（一九九五）には古代蓮の里の一部がオープン。平成十三年（二〇〇一）には古代蓮会館が完成し、展望タワーがそびえ立った。

幼い頃、父と釣りに来た景観とは一変している。園内には釣りのできる場所はあるものの、沼というより池と言っていい。時期によってはイルミネーションに彩られ、幼い頃に見た水草の生い茂る小針沼の面影はまるでない。

ところで、古代蓮の里から南東に少し行ったところに、ごみ焼却施設(小針クリーンセンター)が建っている。そこには煙突が建っていて、時間帯によって煙が立ち上っている。

ここは「ごみ焼却施設」以外にもう一つの顔を持っている。それは「小針遺跡」。古墳時代から平安時代にかけて集落が存在した遺跡である。

昭和四十九年（一九七四）に古代の住居址が偶然発見されて以来、何度か調査のメスが入った。すると、数々の住居址が姿を現わす。ここが大規模な集落址であることが確認された。さきたま古墳群に近い集落だ。さきたま古墳群と何らかの関係を持つ集落ではないかと注目されてきた。

平成十六年（二〇〇四）に行われた第五次発掘調査では、平安時代のものと思われる紡錘車《ぼうすいしゃ》が出土している。紡錘車は糸をつむぐ道具で、小針遺跡から出土したのは、径四・八センチほどの大きさのものだった。

これが貴重な発見となる。というのも、紡錘車の側面に人名が刻されていたのだ。その人名とは「丈部鳥麻呂《はせつかべのとりまろ》」。遺物が出土しても、当時の人の名を知る資料は少ない。

丈部という姓は、軍事に携わる職業部民だったことを指す。「丈部」を名乗る鳥麻呂という人物が居住していたとすれば、この付近はどのような状況下にあり、さきたま古墳群の築造者たちと何らかのつながりはあるのだろうか。たった五文字しか刻されていない紡錘車だが、北武蔵の古代史を繙く一つの鍵として注目を集めている。

そんな紡錘車を出土した小針遺跡は、観光地として整備されているわけではない。しかし、これまでの発掘調査で貴重な発見が多く、新たな知見をもたらしてきた。そのため、小針遺跡は埼玉県の重要遺跡に指定されている。古代蓮の里の展望タワーに上った際は、ぜひ眺めておきたい場所である。

このように、成就院周辺の散策はどこを選ぶか迷うほど豊富だ。小針沼へ釣りに行ったときは魚にしか興味がなかったが、歴史を繙けば、意外な発見が数多くあったわけだ。

閑話休題。立ち返って成就院の三重塔の前に立てば、人々は古の昔から何かを築き、それを神聖視し、あるいは利用してきたことに気付く。例えば、古墳という巨大な土の山を築き、そこに有力者たちを埋葬した。おそらく儀式を執り行い、当時においては一般者が気軽に立ち入れない神聖な場所だったのだろう。

時代は下り、人々は成就院の境内に三重塔を建て、そこに厚い信仰を寄せた。三重塔は当時の人々の信仰の象徴と言える。

そして、現代。実用面からごみ焼却施設が建ち、あるいは人々が楽しみ、触れ合える場所として古代蓮の里に展望タワーが誕生した。古墳、三重塔、ごみ焼却施設、展望タワー……。成就院の近くに、このように古代から現代までその時代の象徴のようなものがあるのは面白い。

ごみ焼却施設を除けば、実生活において実用性の薄いものかもしれない。乱暴な言い方をすれば、それがなくとも生活していくことはできる。

でも、だからこそ、何か目に訴えるものを作りたい、築かずにはいられないという内的衝動があったのだろう。そうした想いや欲求、衝動は、人間が本質的に持つ性《さが》なのかもしれない。古墳も三重塔も展望タワーも、面白半分で作ったわけではない。その時代に求められ、必要とされて誕生したものだ。それらは書物と違って文字は少なく、饒舌に語りかけてくるものではない。しかし、その時代に生きた人々の想いや祈りが込められている。

白山古墳（行田市）

古代蓮の里遠景（行田市）

「伝説に残る〝六月朔日の雪〟とは？　―前玉神社―」

前玉と書いて「さきたま」と読む。前玉神社は、埼玉県行田市埼玉に鎮座している。

古社である。延長五年（九二七）に完成した『延喜式』神名帳の中に、その名が記載されている。

この『延喜式』神名帳に載っている神社を式内社《しきないしゃ》という。「官社」の社格を持つ神社で、武蔵国では「四十四座」となっている。

その内、埼玉郡では「四座」であり、「前玉神社二座　玉敷神社　宮目神社」と記載されている。前玉神社がいつの創建か定かではないが、少なくとも延長五年（九二七）当時には鎮座しており、古い歴史を持つことは確かだ。まさに「古社」と言うにふさわしい神社と言える。

実は、この前玉神社は古墳の上に鎮座している。さきたま古墳群に属するもので、その名も浅間塚古墳と言う。

古墳と式内社。古代ファンの心をくすぐるかもしれない。

とはいえ、浅間塚古墳が「古墳」と確定したのは平成に入ってからのことだ。ここには富士行者にまつわる伝説があり、古墳なのか、近世頃に築かれた塚なのか不明だった。

そこで、白黒はっきりさせるべく、平成九年（一九九七）と同十年（一九九八）に確認調査を実施。元々は前方後円墳だったのではないかという説もあったが、径五十メートルの円墳と確定した。かくして、前玉神社は古墳の上に鎮座する神社ということになった。

ところで、『延喜式』神名帳には「前玉神社　二座」とある。すなわち、神さまが二人おわすことを意味している。「二座」とは一体どんな神さまなのか？

実はこれがよくわかっていない。諸説あるのだが、決着はついていない。

現在は、前玉彦命《さきたまひこのみこと》と、前玉比売命《さきたまひめのみこと》の二神が祀られている。この二神としたのはそう古くはなく、例えば昭和三十八年（一九六三）発行の『行田市史』上巻では、現在の祭神として「前玉命」と「木之花開耶姫《このはなさくやひめ》」の二座を記している。

菱沼勇氏は、前玉神社の一座を「氷川神の幸魂」、もう一座を浅間塚古墳の被葬者ではないかと述べている（『武蔵の古社』）。『新編埼玉県史』通史編1では、その祭祀集団を「埼玉古墳群を築いた権力者」とし、候補者として「武蔵国造笠原直使主一族」と記している。

いずれも興味深いが、確定はしていない。大きな謎であるし、前玉神社の魅力でもある。二座の内の一座が古墳の被葬者だとすれば、さきたま古墳群の築造にかかわった人々の内面に触れるものである。一体どんな人たちが神社を創建し、どんな神さまを祀ったのだろうか？　境内に立ち、考えを巡らせてみるのもこの神社の一つの参拝方法だと思う。

さて、先に少し触れたが、ここは富士行者にまつわる伝説がある。古墳が「浅間塚古墳」と呼ばれていることや、前玉神社に祭られる神さまに木花開耶姫の名が挙がっていたことからピンときた人もいるだろう。

そう、ここは浅間信仰が盛んだった場所である。「前玉神社」ではなく、「浅間さま」と呼ぶ地元民は少なくないという。

浅間信仰は、富士山を背景とし、浅間神社を中心とする山岳信仰だ。御師や修験者によって信仰が大きく広がり、江戸時代に入ると一般庶民の間で盛んになった。関東を中心に、富士山を模した富士塚が多く作られる。この塚に登ることで、富士山を登拝するという疑似体験ができるわけだ。

前玉神社の塚が古墳なのかはっきりしなかったのも、近世以降に築かれた富士塚の可能性があったからだ。浅間神社の出現と浅間信仰の活発化によって、式内社としての前玉神社よりも、「浅間さま」として人々は親近感を持つようになっていた。

事の起こりは、一人の行者が埼玉村に訪れたことによる。名前は伝わっていない。年齢も不詳だ。ただ、ある程度年を重ねた行者だったのだろうか。臨終を迎えようとしていたそのとき、こう告げたという。

「自分の命が尽きたとき、当所のみ雪を降らせよう」

季節は夏。雪が降るはずもない。その予兆があったわけでもなかった。

ところが、である。行者が亡くなった六月一日、空からチラホラと舞い降りてくるものがあった。雪だった。人々は目を丸くして空を見上げた。行者の言葉など信じていない者も多かっただろう。驚く人々の上に、雪は音もなく舞い降りた。

奇瑞はこれだけに留まらない。雪が降ったのは「当所」だけだったのだ。ほかには全く降る気配がない。線を引いて区切ったかのように、そこだけ雪が降った。これを奇瑞と言わずして何と言おう。人々は行者の霊験を改めて認めざるを得なかった。

この六月一日の雪降りの話は、忍城主成田氏長《なりたうじなが》の耳にも入った。氏長は奇妙に思いつつも感じ入ったらしい。埼玉村に新たに塚を築く。そして、家臣の新井新左衛門という者に命じて、忍城内にあった浅間社を移し、行者を祀った。以来、そこを浅間神社とし、信仰を集めるようになったという。

この逸話を載せた地誌は、雪が降った場所を「此所」「当所」と記すのみで、具体的な場所は特定していない。が、ざっくりと「埼玉村」と比定したい。この伝説が本当ならば、夏に雪化粧したさきたま古墳群を見ることができたはずだ。

ちなみに、忍城主成田氏は天正十八年（一五九〇）に城と領地を失う。城からの退出を余儀なくされ、蒲生氏郷の預かりの身となった。忍城内から浅間社を遷座させた新井新左衛門は、天正十八年以降は屈巣村（埼玉県鴻巣市）に移ったという。しかし、浅間神社と縁が切れたわけではない。神社の祭礼のときには、必ず注連竹を奉納したと地誌は伝えている。

『新編武蔵風土記稿』によれば、塚は戦国時代の終わりに築かれたことになる。しかし、同書自身がこのことについて疑っており、さらに古い時代の墳墓かもしれないと述べている。

実際に、平成に行われた確認調査によって、古墳であることが判明した。行者を塚に葬ったことはあったにせよ、新たに築かれたものではないということだ。

なお、雪が降った六月一日は富士山の山開きの日にあたる。浅間信仰にとって無関係な月日ではない。むしろ、無視することのできない日にちである。別の言い方をすれば、雪が降るのは六月一日でなくてはならなかったということだ。

伝説を全面的に信用するわけにはいかない。後世における創作話の可能性はある。

ただ、古墳の中腹に浅間神社が祀られていることは確かである。墳頂に前玉神社、中腹に浅間神社という構造だ。

これが江戸時代には二社とも「浅間神社」という認識が一般化していた。墳頂の社を上ノ宮、中腹の社を下ノ宮と称していたのだ。浅間信仰の隆盛によって、前玉神社の存在は薄まったと言っていい。完全に消えたわけではないが、「前玉神社」の名前すら知らない者がいてもおかしくはなかった。六月朔日の雪はさておき、浅間神社は確かな存在感でそこに鎮座していたのである。

浅間信仰を伝えたのは、伝説が言うように「富士の行者」だったのだろう。それも名前も年齢もわからない無名の行者だった。浅間信仰を伝え、そのまま埼玉村内で息を引き取ったのか、それとも立ち去ったのかは定かではない。六月一日に雪が降ったという話は、その行者自身が村人に語り聞かせたのだと思う。それを村人＝信者が語り継ぐことで定着し、浅間神社創建の由来へと変化したのではないだろうか。そして、「浅間さま」と呼ばれ、人々に親しまれてきたのである。

六月朔日の雪。創作話の可能性が高いものの、もし本当に降るのだとしたら、その奇瑞を目にしてみたい。夏に雪化粧した古墳を見てみたいものである。

前玉神社が、浅間神社の一社として見られていた時代は、明治期を迎えて終わりを告げた。上ノ宮は前玉神社、下ノ宮は浅間神社と改称される。

しかし、人の感覚は事務的に変わるわけではない。「前玉神社」と改称されても、「上ノ宮」

へ参拝する浅間信仰者はいただろうし、現在も「浅間さま」の呼び名を使い続けることも、それだけ浅間神社が人々に親近感を持たせたからだろう。

流行というのは、その時代に生きる人々のニーズに合ったものだ。その時代性をよく表しているが、その一方で古き時代のものを忘れさせ、覆い隠してしまう危険性をはらんでいる。流行だけを追うことは賛成できないし、古き時代のものにしがみつくこともいただけない。

要はバランスが大事。浅間信仰が全盛だった頃、塚を登ってくる信者に対し、前玉神社の神さまは一体どんな想いで見つめていたのだろう。

さて、いま前玉神社の境内に立ち、塚を見上げれば、木々が鬱蒼と生い茂り、そこが聖域であることの雰囲気を漂わせている。同じさきたま古墳群内で、近くに位置する鉄砲山古墳や中の山古墳、奥の山古墳とは雰囲気が異なるのは、「公園」と「境内」の違いも影響しているからだろう。

むろん、古墳の形態や大きさも違う。浅間塚古墳は、さきたま古墳群内で独自の個性を出しているように思う。群内の大型古墳に目を奪われつつも、浅間塚古墳＝前玉神社へも足を伸ばしておきたい。

浅間塚古墳はいまも登ることができる。前玉神社を参拝するとき、本殿が墳頂にあるため、自ずと登らざるを得ないのだ。

その中腹に浅間神社が鎮座していることはすでに述べた。かつて「下ノ宮」と呼ばれていた社である。参拝するかどうかはその人の自由だが、歴史的視点から見たとき、神社の方から語りかけてくるかもしれない。

前玉神社を参拝するには、さらに参道を登っていく。大した距離ではない。健脚ならばあっという間に到着だ。

しかし、その途中に目にしておきたいものがある。それは、一対の石燈籠。見た目にはどこにでもある石燈籠で、元禄十年（一六九七）に氏子たちが奉献したものだ。

この何でもなさそうに見える石燈籠は、その竿の部分に特徴がある。そこには、『万葉集』に詠まれた歌が刻されているのだ。歌とは、「埼玉の津」と「小埼沼」を詠んだものだ。

比定地は諸説あるが、その一つに「埼玉村」がかねてより挙がっていた。埼玉村の人々は歌の存在を知っていたし、当地を詠んだものとして理解していただろう。そして石燈籠に歌を刻し、神社に奉献したのである。何とも文化的で粋な石燈籠ではないか。これはぼくの感覚ではあるが、その石燈籠からは、人々の郷土に対する誇りみたいなものが感じられる。

この石燈籠を過ぎて石段を登ったところに前玉神社が鎮座している。墳頂は平に削られている。現在はこの社殿の中に前玉彦命と前玉比売命が祀られているわけだ。

ちなみに、社殿の場所について、菱沼勇氏は、元は古墳の麓か、あるいは近いところに鎮座していたのではないかと指摘している。前玉神社の本来の神さまが、古墳に眠る被葬者だったとするならば、墳頂に社殿を建てることは滅多にないだろうと言う。

確かに、墳頂に社殿を建てることは遠慮するかもしれない。古墳を登ること自体も、当時は不謹慎な行為だったのだろう。

浅間信仰の場合、塚は富士山を模したものということになる。ゆえに、これに登らなければならない。だから、平地にあった社を塚の上へ移すということも頷ける。

時代の流れによって、その形や意味が変わっていく。もし、元々の社殿が平地にあったとすれば、古墳は削平されておらず、もっと高かったはずだ。式内社としての前玉神社は、平地で参拝を受けていただろう。これは、前玉神社に限ったことではないが、往古の姿と現在とでは一線を画す。

ちなみに、かつて前玉神社の境内には延命寺という真言宗のお寺が建ち、神社を管理していたという。しかし、火災によって多くの所蔵物が焼失してしまう。

その中には、前玉神社の歴史を物語る資料も含まれていたらしい。いまとなってはその資料がどんな内容か知る由もない。

なお、神社の入り口には、槙《まき》の古木が立っている。市の天然記念物に指定されているものだ。樹齢推定は六〇〇年に及ぶ。強靭な生命力で、天に向かってすっくと立っている。

また、境内出入り口に建つ石鳥居は、延宝四年（一六七六）に忍城主阿部正能の家臣と氏子たちによって建てられたという。同社に寄せられる厚い信仰がうかがえる。

古い歴史を持つだけにミステリアスな一面を持つ前玉神社。そもそも、祀られていた「二座」の神さまとは何だったのか？　古墳と深い関係を持つのか？　とすれば、どんなつながりがあり、古墳群の形成を繙くものとなるのか？

何気なく鎮座している前玉神社の裏には、豊かな古代ロマンの予感がする。

万葉歌碑　石燈籠（行田市）

あとがき

実を言うと、ぼくは歴史が格別好きだったわけではなかった。幼い頃、昔話は好きだったものの、歴史が得意だったわけではない。学校の成績も普通。苦手ではないという程度。

それなのに、二十歳頃から郷土史に夢中になって、こうして本書のようなものを書くのだから、人生はどこで何があるかわからない。郷土史に興味を持った頃、「そんなの知って何になるの？」と言う人がいたが、それに答えられなかったこともいまとなっては懐かしい。

三十六年という短くも長くもない歳月を送ってきて、つくづく感じるのは〝縁〟の不思議さである。また同時に「ありがたさ」でもある。

郷土史に興味を持つきっかけとなった川俣締切阯碑を偶然見付けたのも縁、自転車に乗ってたまたま出会った羽生郷土研究会の看板や、羽生史談会の諸先輩方と交流を持てたのも縁、七十歳も年の離れた師と出会って御教示いただけたのも縁、そのほか郷土史を通してたくさんの人たちや知られざる史跡、埋もれた郷土の偉人たちと巡り会えたのも、ひとえに縁なのだと思っている。それは大切な宝物にほかならない。

二十代のある期間、ぼくは社会的に言えば「宙ぶらりん」の時期があった。不安と閉塞感に押し潰されそうなときもあったが、地域史を通して出会った人や史跡たちが自分の居場所であり、いつも受け入れてくれる場所として優しかったのを覚えている。もしそれらに出会っていなかったならば、ぼくは投げやりになっていたかもしれない。

悩むことは多々あったが、郷土史に興味を持つんじゃなかった、と後悔したことは一度もない。むしろ、自分を支えてくれるものとして、ますます好きになっている。そして、自分を育んでくれた地域に恩返しをしたいという想いも強くなっている。

今回、縁あってまつやま書房から本書の企画が持ちかけられた。二つ返事で、筆を執ることとなった。

僭越ながら、これまで小説やエッセイ、講演・講座などで郷土史もしくはそれを題材にした情報を発信してきた。浅学で至らない部分も多々あるが、これまでやってきたことを凝縮し、郷土史を通して得た全ての縁に恩返しをする想いで本書を書き上げた。「ありがとう」の気持ちを捧げたい。生前大変お世話になった方々の墓前にも捧げたい。

むろん、本書で取り上げたものはほんの一部である。また、限定された時代のごく一角にすぎない。

本書で取り上げたものが全てと思わないでほしい。さらに豊穣な世界が広がっている。「はじめに」でも述べたが、本書をきっかけにしてその世界に触れ、独自に魅力を発見してもらえれば望外の喜びである。

そして、二十代の頃のぼくのように、なかなか結果が出なくて苦しい思いをしている若者が読んでくれたのだとしたら、自分の好きなことや興味のあることを長く続ければ、例え思い通りにならずとも、不思議と拓けていく縁があるということを伝えたい。

「十年続けてやっと芽が出る」。正津勉先生はかつてそう言った。腐らず、自分のペースで、コツコツと。それは、二十代のぼく自身に伝えたいメッセージでもあるかもしれない。

最後になりましたが、よき仲間であり、敬愛する諸先輩が籍を置く羽生郷土研究会や羽生史談会、地域関連資料を積極的に収蔵し、展示を通して人とモノとのつながりの場を提供する羽生市立図書館・郷土資料館、親切に御教示くださる行田・加須の郷土史家や関係者の方々、郷土史をきっかけに出会った全ての方々に感謝の意を表します。

また、長い目で見守ってくれた両親・妹と、いつも支えてくれる妻に深謝します。

そして、本書を発案し、騎西城址で打ち合わせを重ね、一冊の本にまとめて下さったまつやま書房の山本正史氏と山本智紀氏に、御礼申し上げます。

二〇一五年六月

髙鳥邦仁

（参考文献）

榎本了 一九九一年『新埼玉文学散歩下 中山道 佐吉多万 古利根川元荒川』まつやま書房
大澤俊吉 一九八一年『行田の伝説と史話』国書刊行会
加須市遺跡調査会 一九八三年『埼玉県加須市文化財調査報告書　花崎遺跡』
加須市『加須市史 通史編』一九八一年 加須市史編さん室
『加須市史 資料編Ⅰ』一九八四年 加須市史編さん室
騎西町教育委員会『騎西町史　民俗編』一九八五年 騎西町史編さん室
『騎西町史　近世資料編』一九八九年 騎西町史編さん室
『騎西町史　中世資料編』一九九〇年 騎西町史編さん係
『騎西町史　通史編』二〇〇五年 社会教育課郷土史料係
行田市『行田市史 上巻』一九六三年 行田市史編纂委員会
『行田市史別巻 行田史譚』一九五八年 行田市史編纂委員会
『行田市史 資料編 古代中世』二〇一二年 行田市史編さん委員会・行田市教育委員会
『行田市史 資料編 古代中世別冊　成田記』二〇一二年 行田市史編さん委員会・行田市教育委員会
行田市郷土博物館 二〇〇五年『東歌の郷と古代の文字』図録
二〇〇七年『はにわ―酒巻古墳群の世界―』図録
二〇一三年『北武蔵の埴輪 ―酒巻古墳群を中心として―』図録

埼玉県『新編埼玉県史 資料編10 近世1・地誌』一九七九年
『新編埼玉県史 通史編1 原始・古代』一九八七年
『埼玉県古代寺院跡調査報告書』一九八二年 埼玉県県民部県史編さん室
埼玉県教育委員会 一九九四年『埼玉県古墳詳細分布調査報告書』埼玉県さきたま資料館
埼玉県神社庁神社調査団 一九八六年『埼玉の神社 入間 北埼玉 秩父』埼玉県神社庁
斉藤国夫 一九九二年『さきたま文庫39 真観寺』さきたま出版会
坂田英昭・野本誠一・前田伴一 二〇〇三年『さきたま文庫59 玉嶹山總願寺』さきたま出版会
塩野博 二〇〇四年『埼玉の古墳 北埼玉・南埼玉・北葛飾』さきたま出版会
柴田常恵・稲村坦元 一九二九年『埼玉叢書 第二』三明社
清水雪翁 一九七九年『北武八志』歴史図書社
『新編武蔵風土記稿 第十巻』一九五七年 雄山閣
『新編武蔵風土記稿 第十一巻』一九五七年 雄山閣
塚田良道・橋本脩平・松村由記 二〇一二年『羽生古墳群 利根川中流域右岸における古墳の測量調査』
大正大学文学部歴史学科・羽生市教育委員会
塚田良道・中島洋一 一九九七年「真名板高山古墳の再検討」
『行田市郷土博物館研究報告第4集』行田市郷土博物館
冨田勝治 一九八九年『冨田勝治論文集―羽生及び附近の諸城―』私家版
二〇一〇年『羽生城と木戸氏』戎光祥出版

韮塚一三郎 一九六九年『埼玉県地名誌―名義の研究―』北辰図書
羽生市『羽生市史 上巻』一九七一年 羽生市史編集委員会
『羽生市史 下巻』一九七五年 羽生市史編集委員会
『羽生市史 追補』一九七六年 羽生市史編集委員会
菱沼勇 一九七二年『武蔵の古社』有峰書店
平井辰雄 一九八四年『近世羽生郷土史』羽生市古文書に親しむ会
一九八七年『近世羽生郷土史 続篇』羽生市古文書に親しむ会
一九八九年『羽生ふるさと探訪』羽生市古文書に親しむ会
掘越美恵子・田村治子『羽生昔がたり 第四巻』一九八六年 羽生市役所秘書室広報広聴係
『羽生昔がたり 第十三巻』一九九六年 羽生市役所秘書室広報広聴係
松浦茂樹 二〇一一年『野外研叢書3 埼玉の津と埼玉古墳群』野外調査研究所・関東図書
間仁田勝 二〇一四年『須影地区のあゆみ』私家版
三田村佳子 二〇一〇年「矢島家（蓮田市久伊豆神社）所蔵の湯立資料―埼玉の湯立神事・湯立神楽の理解に向けて―」『紀要　第四号』埼玉県立歴史と民俗の博物館
『武蔵国郡村誌　第十三巻』一九五五年 埼玉県 埼玉県立図書館
ものつくり大学横山研究室 二〇一二年『旧成田領に残る歴史遺産』埼玉新聞社
山田実 一九九一年『さきたま文庫26　玉敷神社』さきたま出版会

鷲宮町『鷲宮町史 史料四 中世』一九八三年
『鷲宮町史 通史 上巻』一九八六年
『鷲宮町史 通史 中巻』一九八六年

著者略歴

髙鳥 邦仁（たかとり　くにひと）

1979年　埼玉県羽生市生まれ

2009年　「放課後の羽生城」で

彩の国・埼玉りそな銀行第39回埼玉文学賞小説部門正賞受賞

2015年現在　羽生市立郷土資料館に勤務

詩人正津勉、郷土史家冨田勝治に師事

小説「光り川」（「文芸埼玉」第72号掲載）

小説「羽生のひと」（第38回埼玉文芸賞佳作　「同誌」第77号掲載）

エッセイ「子ども古利根川探訪」（同誌第80号掲載）など

羽生・行田・加須　歴史周訪ヒストリア

2015年12月14日　初版第一刷発行

著　者　髙鳥 邦仁

発行者　山本　正史

印　刷　株式会社シナノパブリッシングプレス

発行所　まつやま書房

〒355－0017　埼玉県東松山市松葉町3－2－5

Tel.0493－22－4162　Fax.0493－22－4460

郵便振替　00190－3－70394

URL:http://www.matsuyama－syobou.com/

ISBN 978-4-89623-096-0 C0021